丸わかり！ 運動会 当日までの流れ

運動会の基本的な流れが一目でわかるスケジュール表です。
この表で全体の流れをつかみ、個々の計画は参照のページをそれぞれご覧ください。

＊身近な壁や机にはって、必要なときにすぐ見られるようにしておくと便利です。
＊準備期間は目安です。それぞれ園の方針に合わせて計画してください。

キリトリ線

さあ、始めよう

決める（3か月前・2か月前）

保育者

- 運動会のスタイルを考えよう　8ページ
- 全体計画書を作成しよう　12ページ
- プログラムを考えよう　14ページ
- 係を決めよう　16ページ

園児

- 運動会へ期待をもとう　46〜50ページ
- 挑戦したい種目を話し合う
- 練習する

準備（1か月前・7日前）

保育者

- 入場門、退場門を作ろう　22ページ
- 会場の飾り付けやグッズを作ろう　24ページ
- ポスターを作ろう　30ページ
- プログラムやプレゼントを作ろう　32ページ
- 環境を整えよう　36ページ

園児

- 応援グッズを作ろう　28ページ
- 全体練習をする

当日

みんなで楽しもう！

こんな種目で盛り上がろう

- アイデア競技　52ページ
- 親子競技　56ページ
- ダンス　66ページ
- 異世代種目　70ページ
- 未就園児・卒園児競技　72ページ
- 職員競技　76ページ

行事の流れがよくわかる

まるごと
園行事

5

運動会

阿部　恵　編著

はじめに

行事は、日常の子どもたちの生活に、さまざまな刺激やうるおいを与えてくれます。

園での行事を子どもたちの総合的な活動ととらえ、シリーズを通してその行事のねらい・考え方・運営の仕方・保育者のかかわり方・準備・製作や遊びのアイデア等を、できるだけていねいに解説しようと試みました。

新任の保育者ではじめて行事に参加する方から、園行事を見直そうと取り組まれている方まで、多くの方に参考にしていただき、保育にいかしていただけますよう願っています。

阿部　恵

目次

part 1 考え方編……運動会のねらいと内容

part 2 準備編……当日までにしておくこと

part 3 当日編……運動会を盛り上げるアイデア

part 4 資料編……よりよい運動会のために

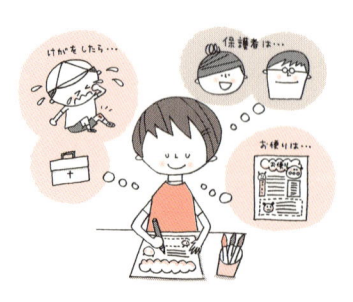

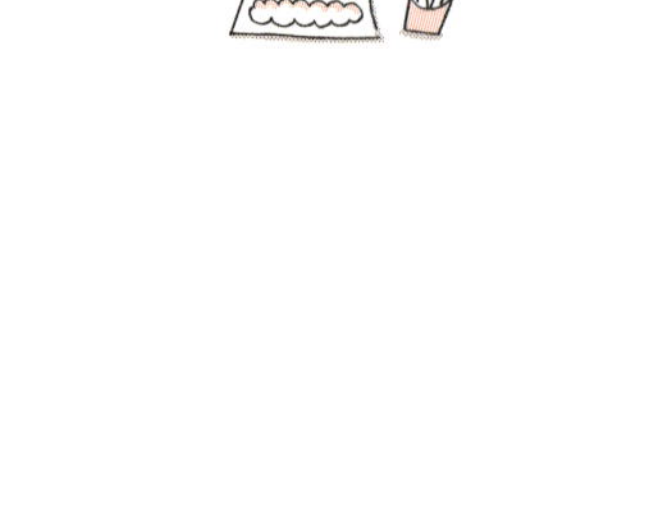

part 1

考え方編

運動会のねらいと内容

参加する人たち全員が一体となって楽しめる、大きな行事が運動会。
子どもたちや保護者の期待も大きいからこそ、
どんな考え方で計画し、どのような段取りで行うかを、
職員間でしっかりと定めておくことが大切です。

楽しい！が基本

運動会のねらい

子どもたちがとても楽しみにしているイベントのひとつが運動会。保護者の期待も大きいだけに、目的をしっかりともち、有意義な大会になるよう計画を練りたいものです。

誰もが楽しめる運動会を企画しよう

運動会は、体を動かす楽しさや心地よさを感じ、満足感を味わう大切な場です。園行事のなかでも、とりわけ運動会を楽しみにする子どもも少なくないでしょう。運動会を運営する上で大切なことは、誰もがやってみたくなるような競技を企画し、楽しみながら体を動かしたり、のびのびと表現できる雰囲気をつくることです。それらを実現するヒントは、日常的に楽しんでいる遊びのなかにあり、保育者は、日ごろからどんな遊びを発展させると運動会での競技につながるかを考えておくことが大切です。運動会の体験を通して、子どもたち一人ひとりが自分の力を発揮し、友達と力を認め合ったりすることのきっかけとなれば成功です。

日常の遊びは…
ボール遊び
おにごっこ
ごっこ遊び

短期集中型の運動会と、日常活動型の運動会

運動会のタイプを大きく分けると、事前に園児が集中的に練習を繰り返し、カラフルな衣装や小道具を使うなど、華やかな演出を主体にしたタイプと、あくまでも日常の生活や遊びを取り入れ、子どもたちの自然な姿を披露することを目的にしたタイプに分かれます。

前者は達成感を強く味わえる一方、理想型を追求するあまり子どもに負担をかけてしまう場合が考えられ、後者は子どもが練習からのびのびと取り組める一方、華やかな運動会を期待する保護者には、物足りない印象を与えてしまう場合が考えられます。どういった運動会を企画するかは、園の方針に沿って決めましょう。

運営の基本は「安全であること」

どんなに楽しくすばらしい運動会でも、けがや事故があっては、保護者の園に対する信頼度はゼロになってしまいます。例えば、「毎年恒例の組体操」でも、その年度の子どもの実態に合わせた内容にしないと大きなけがにつながります。また「保護者の迫力ある綱引き」も綱の傷み具合などの点検を怠ると、綱が切れて事故になる可能性も。さらに会場の小石、装飾、旗の結び目など、安全面からの見通しは、最優先にして考えましょう。

みんなが平等に楽しめるものを考えよう

園での運動会は、運動能力を競う場ではありません。速い、遅い、強い、弱いといった評価ではなく、参加する誰もが「体を動かすって楽しい！」「力を出しきることって気持ちいい！」と感じられる運動会が理想です。競技を考えるときには、一人ひとりが力を発揮でき、達成感を味わえるかどうかに視点をおきながら、みんなが平等に楽しめる競技を心がけましょう。

お話／宮﨑信子

競技の
選び方

年齢に合った競技を考えよう

楽しくのびのびとした運動会には、子どもたちの成長にふさわしいプログラムを考えることが基本です。まずは年齢に合った競技のポイントを考えましょう。

成長にふさわしい競技を考えよう

園に通う子どもたちは、年齢によって成長が大きく異なる時期です。それだけに、年齢に合わせた、無理のないプログラムを組むことは、とても大切です。また、どの年齢の子も楽しめることや、見に来る保護者に子どもの成長が伝わるものを考えることもポイントです。

3歳未満児は、基本的に親子で参加する競技を前提に考えましょう。自分でできることが増えてくる4、5歳児は達成感のある個人競技を取り入れると効果的です。全園児を通して年齢別にトラックを一周するのもよいでしょう。年齢ごとの成長の様子がわかり、盛り上がります。

0、1歳

観客側も思わずほほ笑んでしまう競技を

速さを競ったりするのではなく、親子のふれあいを大切にしながら運動的要素を取り入れます。子どもたちがいやがらない程度にキャラクターにふんし、マントやお面をつけたり、段ボール素材の大道具などを利用したりして、かわいらしさを演出しても効果的です。

2歳

簡単なルールで視覚的に楽しいものを

「おうちの人といっしょに楽しむ」ことをポイントに、ルールが簡単で、視覚的に楽しめるくふうを凝らした競技を考えましょう。子どもたちが大好きな曲なども効果的に使い、楽しい気分で参加できるような手立てを考えましょう。

3歳

子どものみの競技を取り入れよう

親子で参加する競技とともに、子どものみで取り組む競技も取り入れてみましょう。個人の能力や技術が顕著に現れるような種目は避け、全員が取り組めるものや、友達と力を合わせる団体競技などがよいでしょう。簡単なダンスや、玉入れ合戦など、「みんなでがんばった」という気持ちが芽生えるものが効果的です。

4歳

競争心を刺激する競技に挑戦！

できる運動も増え、競争心が芽生えてくる年齢です。少々ルールのある個人競技に挑戦してみてもよいでしょう。理解力や想像力もついてくるので、ごっこ遊びのような要素を取り入れても効果的。例えば、忍者に変身して障害物競走をするなど、ユニークな演出を考えると、子どもたちも意欲がわいて盛り上がります。

5歳

最後の運動会を有意義な体験に

年長児として、園生活最後の運動会です。多くの経験をして、たくさんの気持ちを感じてくれたらいいですね。例えば、団体競技で力を合わせる、仲間を助け、応援する、個人競技で自分の力を精いっぱい発揮する、など、さまざまな経験ができる機会です。また、リレー競技は練習のなかでも学ぶことがたくさんあります。達成感、満足感が十分に味わえるような会になるようくふうを凝らしましょう。

お話／鈴木愛子

準備を始める前に

計画を立てよう

目的やねらいを定めたら、具体的にどのような内容の運動会を計画するかを考えます。はじめに全体計画書を作成し、職員全員のイメージを共通にさせておくことが大切です。

全体計画書を立てて イメージを統一しよう

運動会を企画するにあたっては全体計画書を作成することが有効です。全体計画書は、ねらいをしっかりと定め、職員間での認識を共通にするためのものです。各年齢ごとの代表者（実行委員）が相談しながらまとめていくとよいでしょう。例えば、日時、場所、休日に行う場合の振替休日、雨天の場合はどのような日程にするかなどを明記することによって、見通しがはっきりもてるようにします。また、年齢ごとにどのようなねらいをもつか、子どもたちをどのように導くかなどの指導計画を立てておくことも大切です。全体計画書は、おおよそ3か月前に完成するよう作成するとよいでしょう。

全体計画書ができあがったら……

具体案を話し合おう

全体計画書でおおよその骨組みが決まったら、各年齢の担当者に分かれて、具体的にどんな競技がよいか話し合いを進めましょう。競技の内容が決まったら、競技の進め方や必要な道具、効果的な音響などを決めていきます。

各年齢の競技案が決まったら、全員で相談しながら競技内容を検討しましょう。子どもの成長にふさわしい競技か、危険な動きはないか、必要な道具に不備はないかなど、この段階でしっかりチェックしておくことが大切です。

3歳児の競技はなににしましょうか
そうね…

全体計画書に必要な項目

① 日時（雨天の場合の対策も含む）

② 運動会のテーマ

③ ねらいと指導の内容（年齢別に明記）

④ 競技の主な内容

・開会式の内容

・年齢別の競技内容（団体、親子競技、ダンスなど）

・園児以外の競技内容（卒園児、保護者、未就園児など）

・閉会式の内容

⑤ 実行委員の仕事と予定

⑥ 昨年度の反省

・プログラムについて

・各競技について

・音楽について

⑦ その他、各自で準備しておくこと

など

メリハリが大切

プログラムを決めよう

各年齢の競技内容が決定したら、どのような順番で進行するかを考えます。当日を盛り上げ、効率よく進行させるには、このプログラムの立て方がポイントです。

バランスよく、無駄のない進行を考えよう

プログラムを立てる場合には、子どもたちの疲労度なども考慮し、3歳児以下の競技は午前中に終わるようにします。午前中の最後はリレーなどで会場を盛り上げると、メリハリがあって楽しめます。昼食後は、ダンスや保護者競技など、子どもに負担の少ないものがよいでしょう。また、似通った競技が続かないようにしたり、ダンスなどで身につけるものがある場合には、競技時間が長い演目のときに用意すると、進行がスムーズです。

プログラム例（昼食をはさんで午後まで行う園の場合）

開会式
- 開会の言葉
- 園長あいさつ
- 全園児体操
- 応援合戦

全園児が参加する体操やダンスなどでスタート！

年少組　かけっこ

年中組　障害物競走

年長組　すずわり

未就園児競技

年少組　親子ダンス

衣装の装着などに時間のかかるものは競技時間の長いものの後にするとよい

- 年中組　玉入れ
- 年少組　ダンス

年少児以下の競技は午前中で終えるようにすると体力的な負担が少ない

- 年長組　リレー

午前中最後は盛り上がる競技を組む

- 卒園児競技
- 昼食
- 年中組　親子ダンス
- 保護者競技
- 年長組　運動遊び

昼食後は子どもの体に負担が少ない競技を組む

- 職員競技
- 全園児ダンス

最後も全園児で参加できるもので終わると一体感がでる

- 閉会式
  - 園長あいさつ
  - 園歌斉唱
  - 参加賞授与
  - 閉会の言葉

プレゼント授与などは達成感を味わえる演出を

スムーズな準備のために

係を決めよう

おおよその内容が決まったら、職員間での仕事の割り振りを考えます。忙しい合間をぬっての準備ですから、協力し合いながら、合理的に進めましょう。

運動会を盛り上げる担当を決めよう

各担当への割り振りを考える前に、まずは中心となって運動会を盛り上げていく担当者をなん人か決めておくと、その後の段取りがスムーズです。例えば「プロジェクトチーム」と名付けておきます。このチームが本番までにどのような準備が必要か考え、日程を組み、役割を割り振るようにします。プロジェクトチームが割り振りを考えるときは、負担が偏らないように配慮すること、毎年同じ人が同じ役割にならないことなどを考えながら決めることが大切です。入退場門や看板などのデザインは、みんなで意見を出し合って考えるといいですね。

準備段階での役割分担例

- **各競技担当**
  競技内容に沿って、やり方や使用する用具、効果的な曲などの資料をまとめる。また、園児以外の競技の具体的な内容を考え、準備を進める。
- **応援合戦担当**
  応援合戦の内容を考え、練習する。保護者に応援をお願いするときは、お便りなどを配布し参加を募る。
- **配布するプログラムの製作担当**
  プログラム製作のアイデアを考える。
- **入退場門担当**
  入場門、退場門のデザインを決め、誰がどの部分を製作するか割り振り、必要な材料を用意する。
- **看板担当**
  看板のデザインを決め、誰がどの部分を製作するかを割り振り、必要な材料を用意する。
- **保護者へのお知らせ担当**
  保護者へのお知らせを作成する。

保護者の方に係を分担してもらうとき

運動会開催中は、保育者は園児といっしょに行動しています。それだけに、保護者の方と協力しながら運営すると、安全でスムーズな進行が期待できます。係をお願いするときは、内容などをプリントし、事前に説明した上で、リハーサルにも参加してもらうようにすると、当日の混乱が避けられます。

保護者の方に担当していただく係（例）

- 用具の設置や撤収をする係
- ライン引き係
- かけっこなどで、誘導する係
- 園児のトイレなどに付き添う世話係
- 高齢者の方の接待係　など

当日での役割分担例

（運動会開始前）

・開門担当

時間になったら運動会会場の門を開け、保護者を安全に誘導。

・各設置物担当

テント、入退場門、万国旗、看板などを設置。または手伝いの保護者に分担。

（運動会開催中）

・司会

本部テントで司会進行。

・フリー

出場者の入場準備が整ったか確認したり、
用具の設置、本部テントから園児席への連絡など、
臨機応変に対応できるつなぎ役。

（運動会終了後）

・設置物撤収担当

テント、入退場門、万国旗、看板などを片づける。
または手伝いの保護者に分担。　など

おさえておきたい

実施するうえでの配慮

当日は、会場に大勢の人が訪れ盛り上がります。運動会を気持ちよく開催するためにも、あらかじめ気を配っておきたいポイントをおさえておきましょう。

近隣への配慮が必要なことを考えておこう

当日は、歓声やマイクの騒音、たくさんの人の出入りなど、近隣の方への迷惑となってしまうことも考えられます。地域からも愛される園であるために、あらかじめ予想される事に対しての配慮や対策を考えておきましょう。

例えば、通園路の確認や、車での来場禁止の徹底、駐輪場の場所などを決めておくのも大切です。また、近隣の方に事前にプログラムを配布し、協力をお願いしておくことも有効。当日の流れがわかるので、近隣の方も対応がしやすく安心です。

運動会があります

近隣への配慮

チェックポイントと対応策

練習中の騒音について

- できるだけマイクは使わない。
- 指示や説明などの言葉はあらかじめ考えておき、できるだけ少なくまとめる。
- 音楽はラジカセなどを利用し、大きなスピーカーの使用は控える。
- 笛の音は響くので、最小限の使用を心がける。

当日の騒音について

- 近隣に「ご迷惑をおかけします」の手紙とプログラムを事前配布する。

路上駐車について

- 駐車しそうな場所に駐車禁止の掲示をしておく。
- 保護者には、事前に車での来場を控えてもらうよう呼びかけておく。

たばこの吸い殻について

- 吸い殻を近隣の路上などで落とさないよう、事前に呼びかけておく。
- 禁煙の掲示を作る。　など

禁煙にご協力ください

急な天候の変化に対応できるように

運動会の開始後に、急に雨が降ってくることも考えられます。そんなときに慌てないよう、プログラムの内容を臨機応変に変更できるようにしておくことが大切です。例えば、保護者や職員などの競技よりも、園児の種目を優先させて行うと時間の短縮になります。また、雨で滑り、けがや事故につながりやすい競技は避けます。また、行うことができなかった競技は後日、参観日を設けるなどして、保護者に見てもらえる機会を考えておくとよいでしょう。

子どもたちが飽きないようにくふうしよう

当日の内容が単調だったり、応援ばかりが続いてしまうと、子どもたちは飽きてしまいます。保育者は最後までみんなが楽しく参加できるようなくふうをすることも大切な心がけのひとつです。例えば、プログラムの内容や順番などを考えたり、雰囲気がばらついてきたら臨機応変に息抜きの時間をとったりするのも効果的です。また、ひとつの競技につき、出入りの時間も含めて10分以内を目安にまとめるとメリハリのある運動会が期待できます。

でき栄えに限らず、子どもたちをほめよう

大勢の観客のなか、子どもたちは緊張しながらも精いっぱいがんばって参加しています。「今までで一番のスピードが出たね」「転んだのに、すぐまた走って偉かったね！」「みんなの楽しそうなダンスでお客さんも楽しそうだったよ」など、誰もが達成感、満足感を味わえるようなひと言を心がけましょう。でき栄えにこだわらず、一人ひとりの姿を認め、ほめることが大切です。

前日までにチェック！

当日のタイムスケジュール

運動会当日は、早朝から段取りよく準備をして本番に備えます。園庭で行う場合、近隣の学校などを借りて行う場合など、園によってスケジュールは変わりますが、代表的なケースをご紹介しましょう。

（例）　チャイルド幼稚園（近隣の小学校を借り、午後まで運動会を実施）

6：30　先発職員会場入り

6：45　運動会に使う荷物を園から会場まで運ぶ

7：10　お手伝い係の保護者と協力しながら、万国旗、入退場門、看板などを設置

8：40　園児集合

9：00　運動会開会

12：00　昼休み（保護者とともにお弁当）

12：50　園児集合

13：00　午後の部開始

14：20　運動会終了

片づけ

あらかじめ係を決めたら、当日は分担しながら効率よく準備を進めます。

テントの設置やフィールドのライン引きなど、前もってできることは、翌日の天候を検討しながら、できるだけ前日までに済ませておいた方がスムーズに進みます。

準備編

part 2

当日までにしておくこと

内容が具体的に決まったら、
当日を迎えるまでにさまざまな準備を整えます。
会場の飾り付けや応援グッズ、プレゼントのアイデアをはじめ、
運動会に向けて、子どもたちの気持ちを盛り上げる
ひとくふうもご紹介します。

元気に盛り上げる

入場門・退場門のアイデア

カラフルでかわいい入退場門は、運動会を盛り上げる大切な演出の一つです。市販のアーチや段ボールなどを利用して、参加するのが楽しくなるような門を作りましょう。

うんどうかい

おひさま入退場門

市販のアーチを利用した、華やかな入退場門です。運動会の後は、製作部分をアーチから外して保管しておけるので、翌年も使えて便利です。スズランテープのカーテンの量をいっぱいにして、キラキラ感を演出しましょう。

作り方

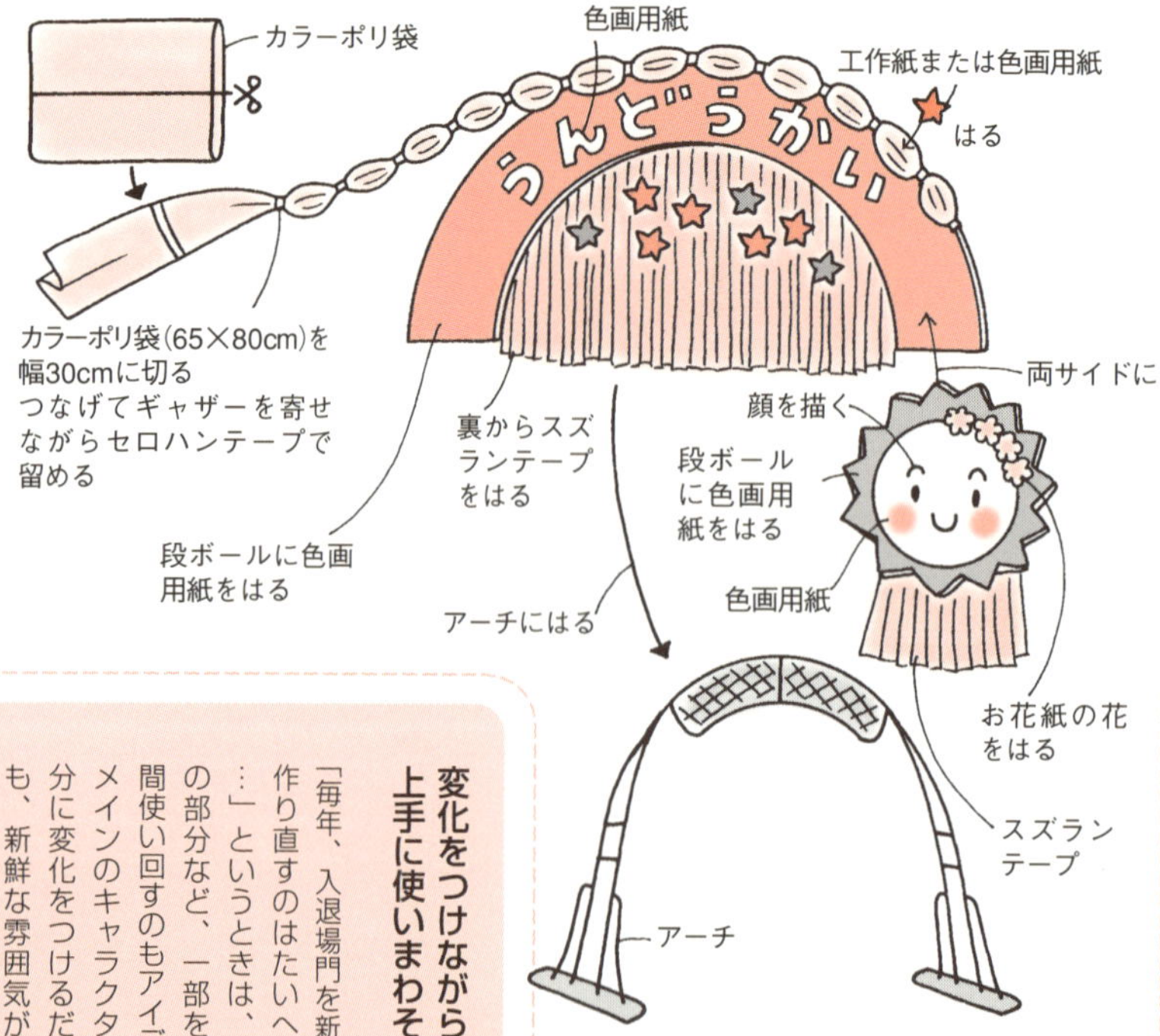
カラーポリ袋
カラーポリ袋(65×80cm)を幅30cmに切る
つなげてギャザーを寄せながらセロハンテープで留める
段ボールに色画用紙をはる
色画用紙
うんどうかい
工作紙または色画用紙
はる
裏からスズランテープをはる
アーチにはる
両サイドに
顔を描く
段ボールに色画用紙をはる
色画用紙
お花紙の花をはる
スズランテープ
アーチ

型紙は98ページ

変化をつけながら、上手に使いまわそう

「毎年、入退場門を新しく作り直すのはたいへん…」というときは、土台の部分など、一部を数年間使い回すのもアイデア。メインのキャラクター部分に変化をつけるだけでも、新鮮な雰囲気が演出できます。

炎の門

段ボールとトイレットペーパーの芯を利用して作る、手作り感があたたかい雰囲気の門。オリンピックの聖火のような演出は、スズランテープを使って作りましょう。一番下の段ボールに重りを入れて安全対策も万全にします。

うんどうかい

作り方

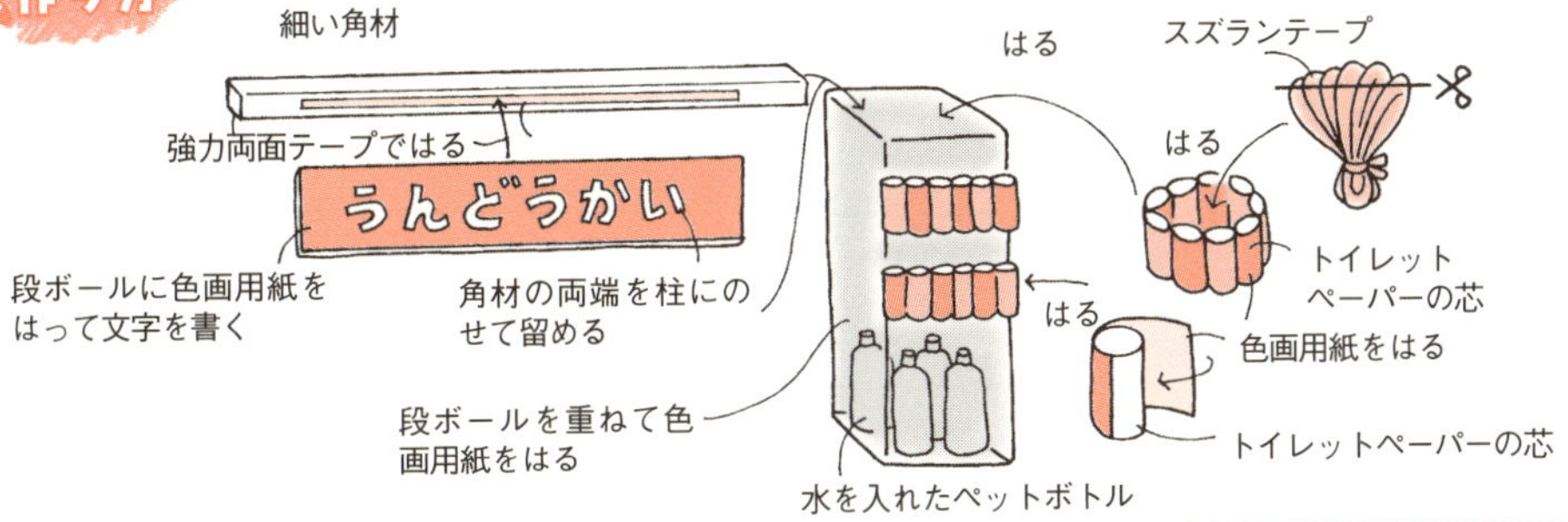
細い角材
強力両面テープではる
うんどうかい
段ボールに色画用紙をはって文字を書く
角材の両端を柱にのせて留める
段ボールを重ねて色画用紙をはる
水を入れたペットボトル
はる
スズランテープ
はる
トイレットペーパーの芯
はる
色画用紙をはる
トイレットペーパーの芯

キリンだもん

小さな子も大喜びの、動物をモチーフにした入退場門。段ボールに色画用紙をはって作ります。裏側は段ボールとペットボトルで補強しておくと、風が吹いても倒れません。

作り方

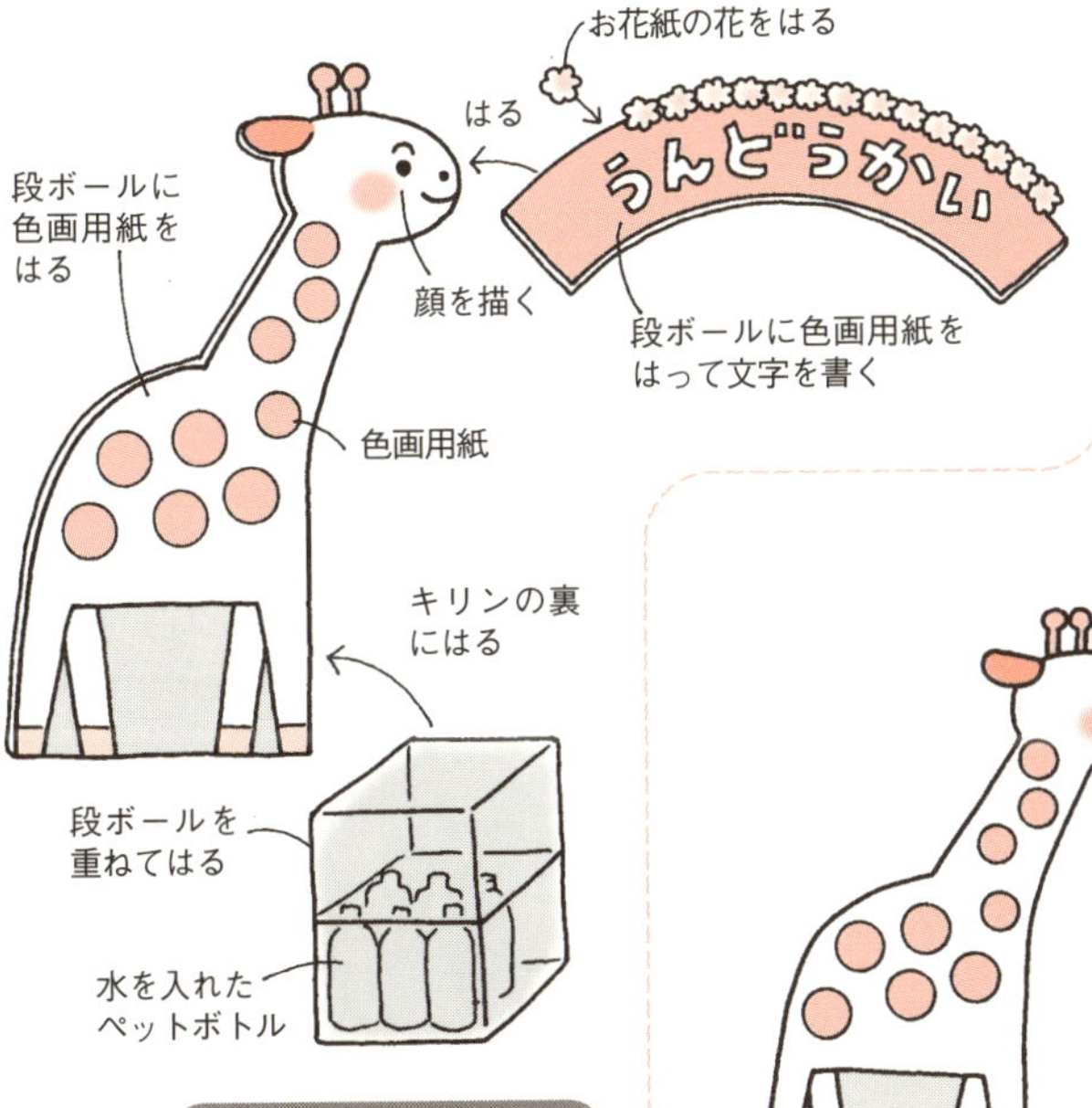
お花紙の花をはる
はる
うんどうかい
段ボールに色画用紙をはる
顔を描く
段ボールに色画用紙をはって文字を書く
色画用紙
キリンの裏にはる
段ボールを重ねてはる
水を入れたペットボトル

型紙は98ページ

うんどうかい

華やかな演出

会場の飾り付けアイデア

白熱する競技会場を華やかに彩るアイテム。子どもたちの描いた絵や、手形を利用して作ると、飾り付けたときに保護者にも喜ばれます。

カラフル国旗

色とりどりの旗が楽しい万国旗。子どもたちといっしょに、楽しく製作しましょう。旗の素材や形に変化をつけて、バラエティ豊かに飾ると華やかさが増します。

不織布&似顔絵

作り方

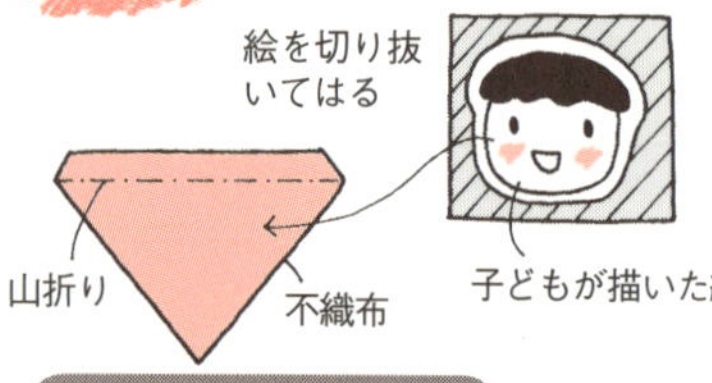
絵を切り抜いてはる
山折り
不織布
子どもが描いた絵

型紙は99ページ

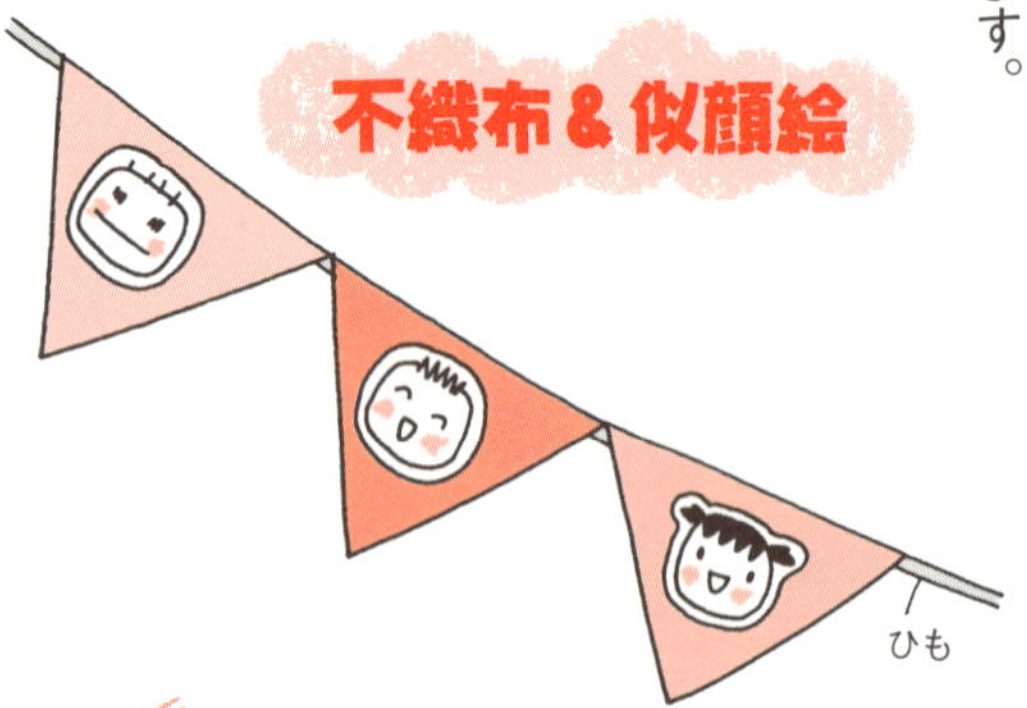
ひも

紙&塗り絵

作り方

紙

A4の紙に柄を描いてコピーし、子どもが塗り絵をする

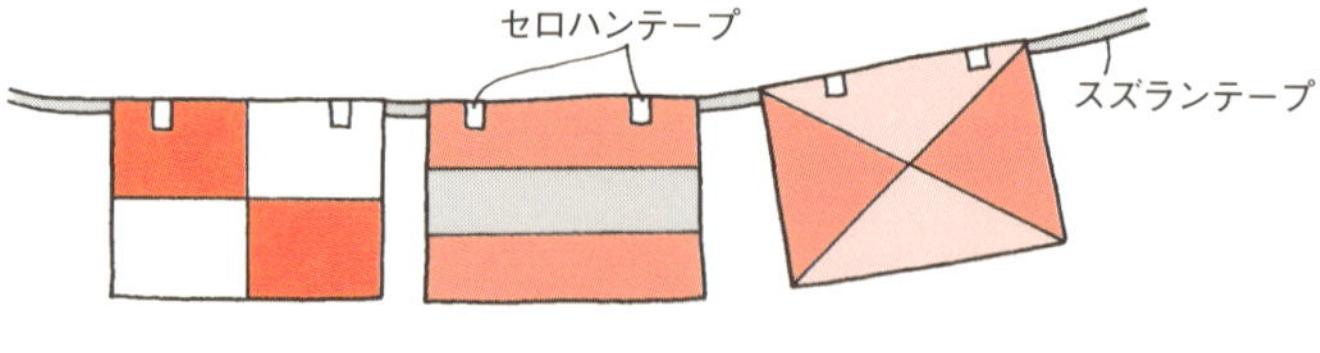
セロハンテープ
スズランテープ

ポリ袋&シール、テープ

作り方

カラーポリ袋を切って、シールやテープをはる

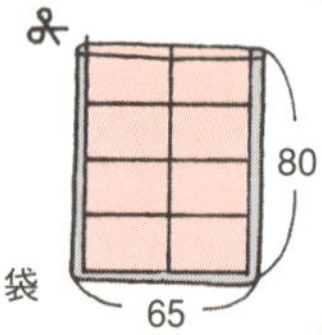
80
ポリ袋
65

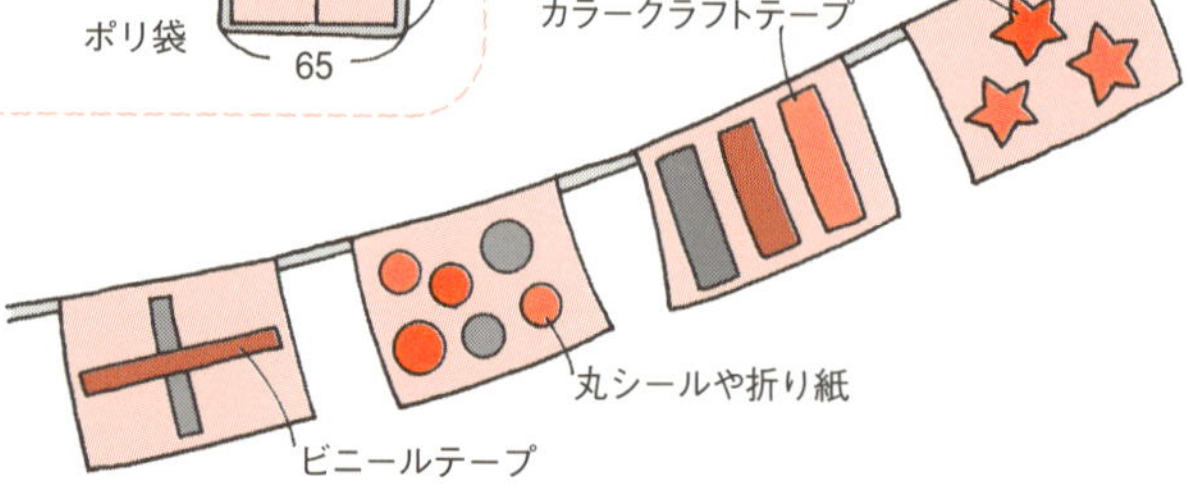
シール
カラークラフトテープ
丸シールや折り紙
ビニールテープ

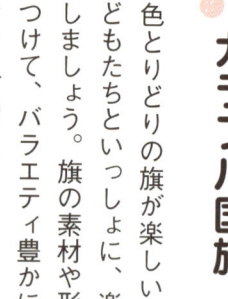

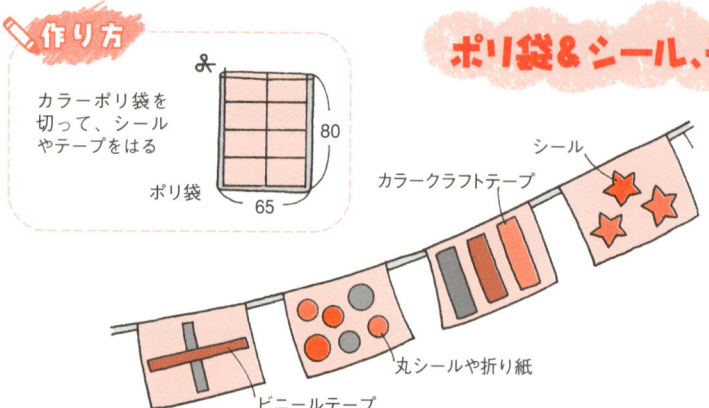

クマのクラスプレート

かわいらしいクマが、クラスのプレートを持っています。コンパクトに作ることもできるので、小規模な運動会にもぴったり。園児席の前にちょこんと置くだけでも人気が出そうですね。

ばらぐみ

作り方

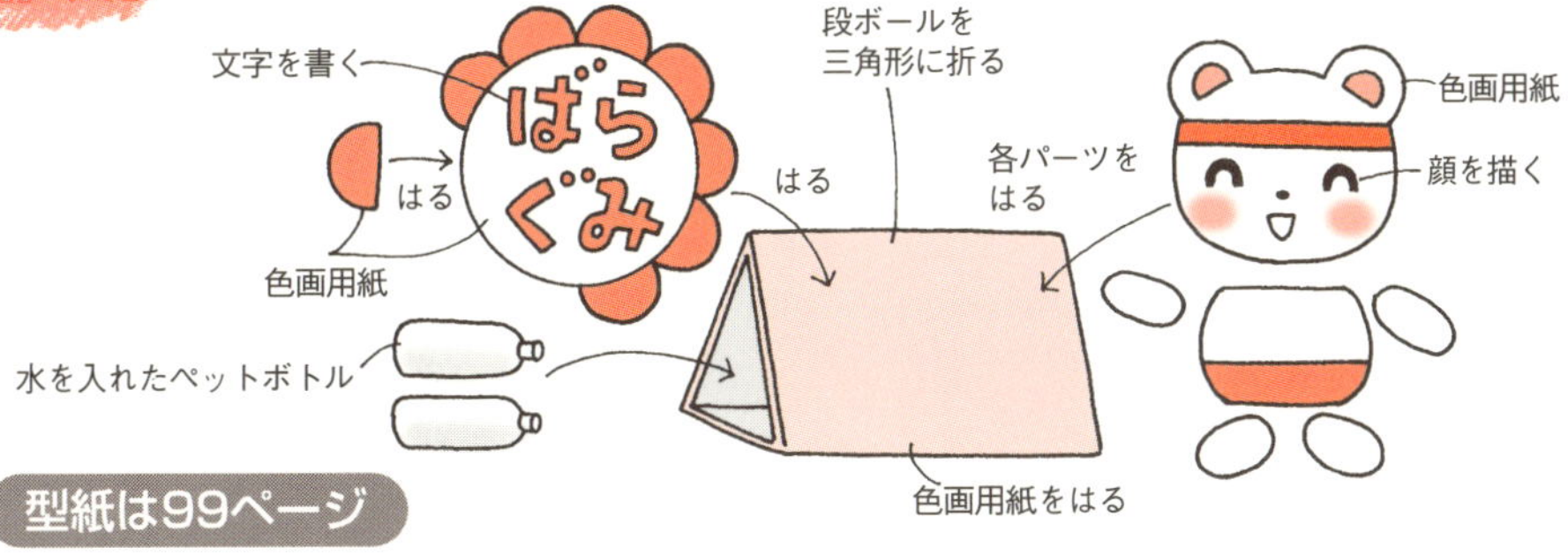
文字を書く
ばらぐみ
はる
色画用紙
段ボールを
三角形に折る
はる
各パーツを
はる
色画用紙
顔を描く
水を入れたペットボトル
色画用紙をはる

型紙は99ページ

手形フラッグ

クラスの仲間たちみんなの手形がモチーフのフラッグ。団結心が一気に高まりそうですね。スペースがあれば、担任の保育者も手形を押してみましょう。

作り方

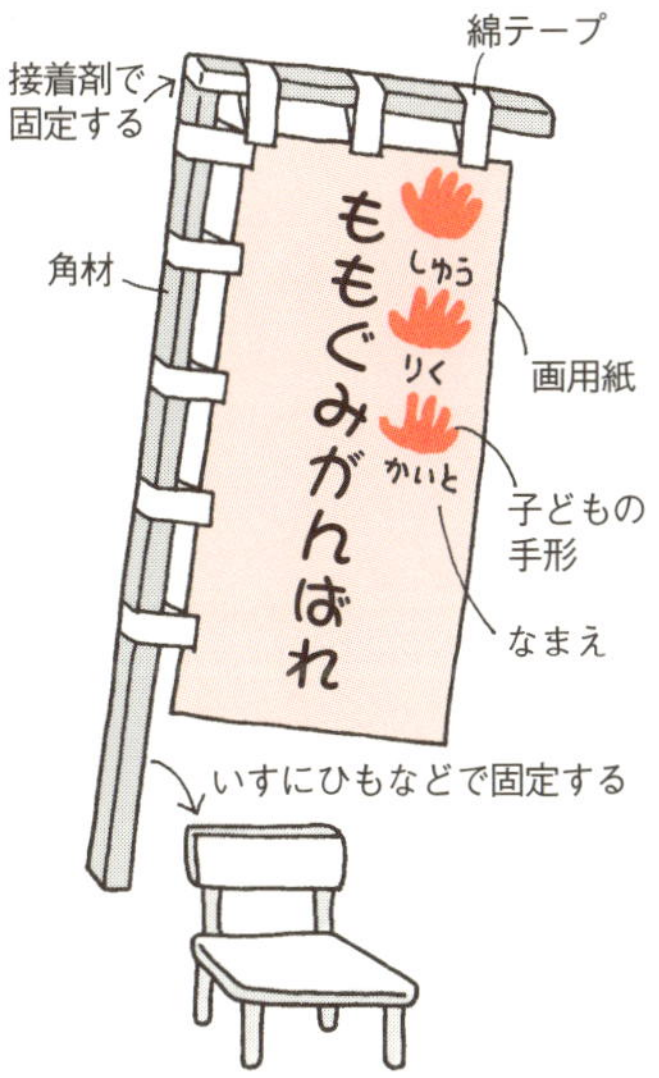
綿テープ
接着剤で
固定する
角材
ももぐみがんばれ
しゅう
りく
かいと
画用紙
子どもの
手形
なまえ
いすにひもなどで固定する

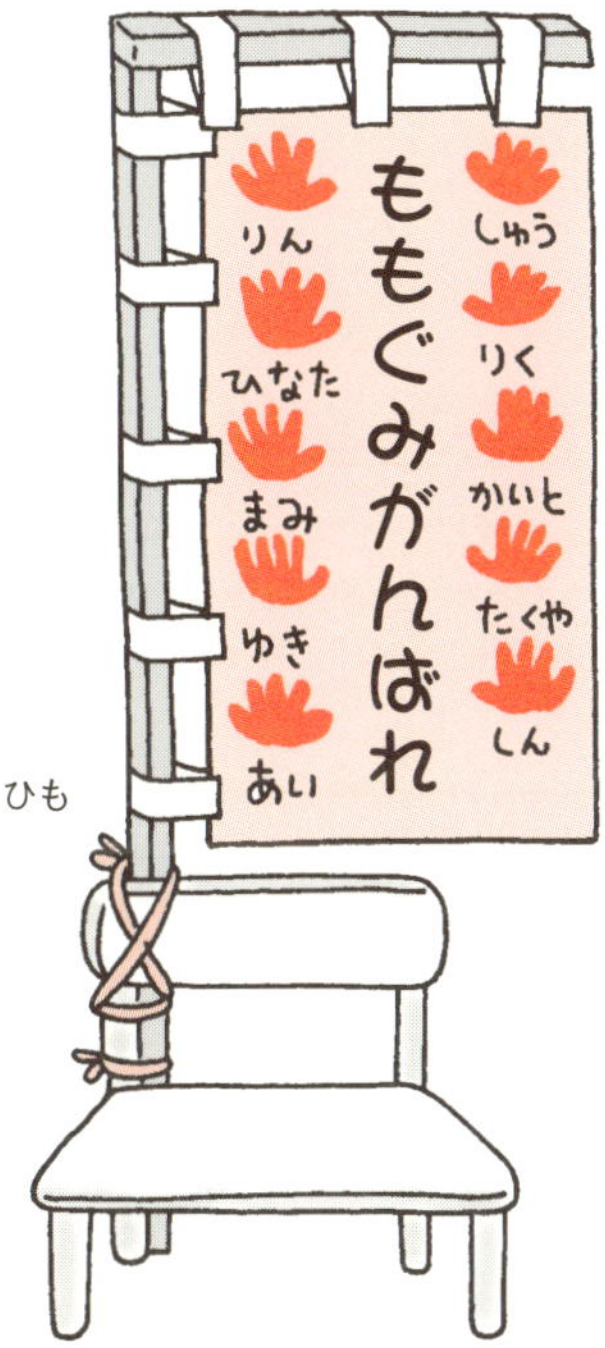
ももぐみがんばれ
しゅう
りく
かいと
たくや
しん
りん
ひなた
まみ
ゆき
あい
ひも

かわいく
わかりやすい

案内グッズのアイデア

当日の会場は、たくさんの人で混雑します。訪れた人がスムーズに動けるように、わかりやすくてかわいらしい案内板を作って設置しましょう。

案内板やマークはかわいらしいモチーフで

案内板は、場所を示す文字だけでなく、絵で見てわかるようなくふうもあると便利です。目につきやすい場所を選んで設置することも大切なポイントです。

会場案内図に

入り口に、会場案内図をはっておくと訪れた人が迷いません。案内図の各場所を示すマークは、案内板とそろえておくと、さらにわかりやすくなります。

ロープとカラーコーンを使って

駐輪場や応援席など、広いスペースが必要な場所は、ロープとカラーコーンで仕切った上に、案内板を設置するのもアイデアです。どこから見てもわかりやすいように数か所に設置しておくと、さらに効果的です。風の強い日は、カラーコーンが動かないよう、多めに重りを中に入れておくなどのくふうも必要不可欠です。

テントにぶらさげて

本部や優先席、救護スペースなどのテントを使用する場所は、テントの屋根から直接ぶらさげて設置するとよいでしょう。厚紙などで補強した案内板を作っておくと、風で裏返りにくく見やすいです。また、ひもでしっかり結びつけるなど、安全面の対策も忘れずに行いましょう。

案内板のアイデア

一目でわかりやすい案内板のアイデアです。動物キャラクターなどのかわいらしいデザインがポイントです。
＊必要なサイズに拡大コピーしてお使いください。

子どもと作る

応援グッズのアイデア

競技に参加しない時間も、身近な素材で作ったこんなアイデアグッズで盛り上がりましょう。子どもたちといっしょに作ると愛着がわいて、運動会後も楽しめそうです。

ライオンポンポン

スズランテープをライオンのたてがみに見立てたポンポン。顔のパーツは、子どもたちがのりではると、個性がでて楽しい！

作り方

3枚重ねたスズランテープを半分に切る
切る
10cm
ホチキスで留める
顔の裏にはってたてがみにする
裏に同形の厚紙を重ね、接着剤ではる

型紙は100ページ

出てくるポンポン

スズランテープのポンポンが、お花のように閉じたり開いたり。子どもたちが好きな模様を描きましょう。

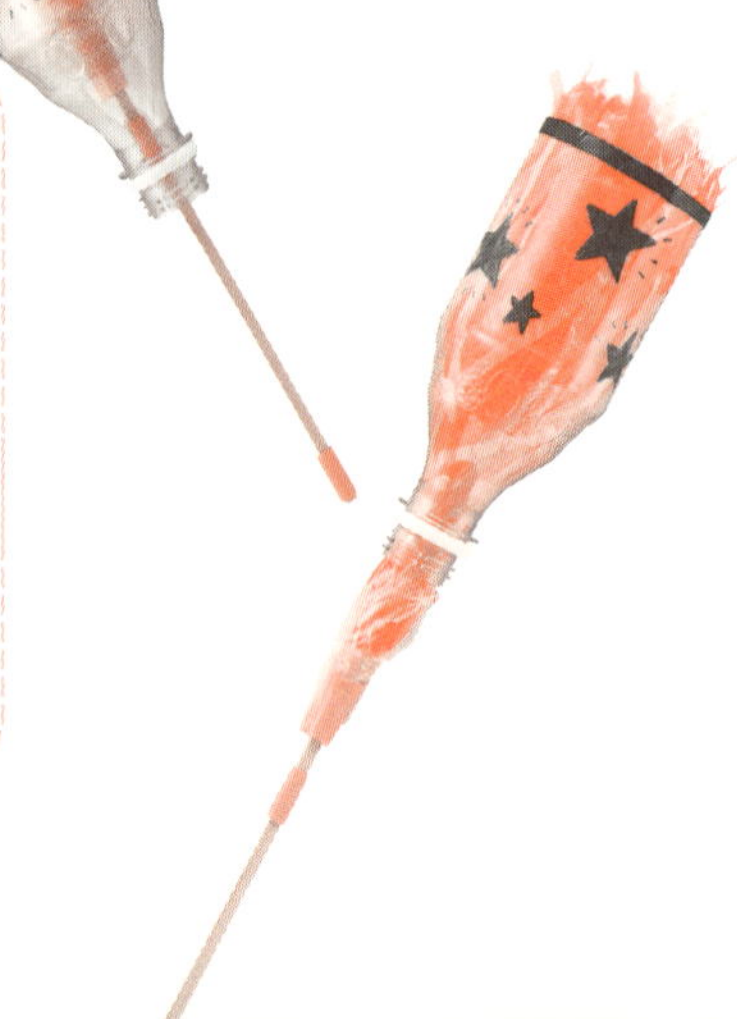

作り方

ペットボトルを半分に切る
スズランテープでポンポンを作る
ビニールテープを巻く
ビニールテープ
モールを2か所結び、割りばしを挟むようにテープを巻く

ウサギ小旗

かわいらしいウサギがピョンピョンはねているような小旗。顔やしっぽのパーツは、子どもたちがはります。ネコやクマなど、いろいろな動物にアレンジしても楽しい！

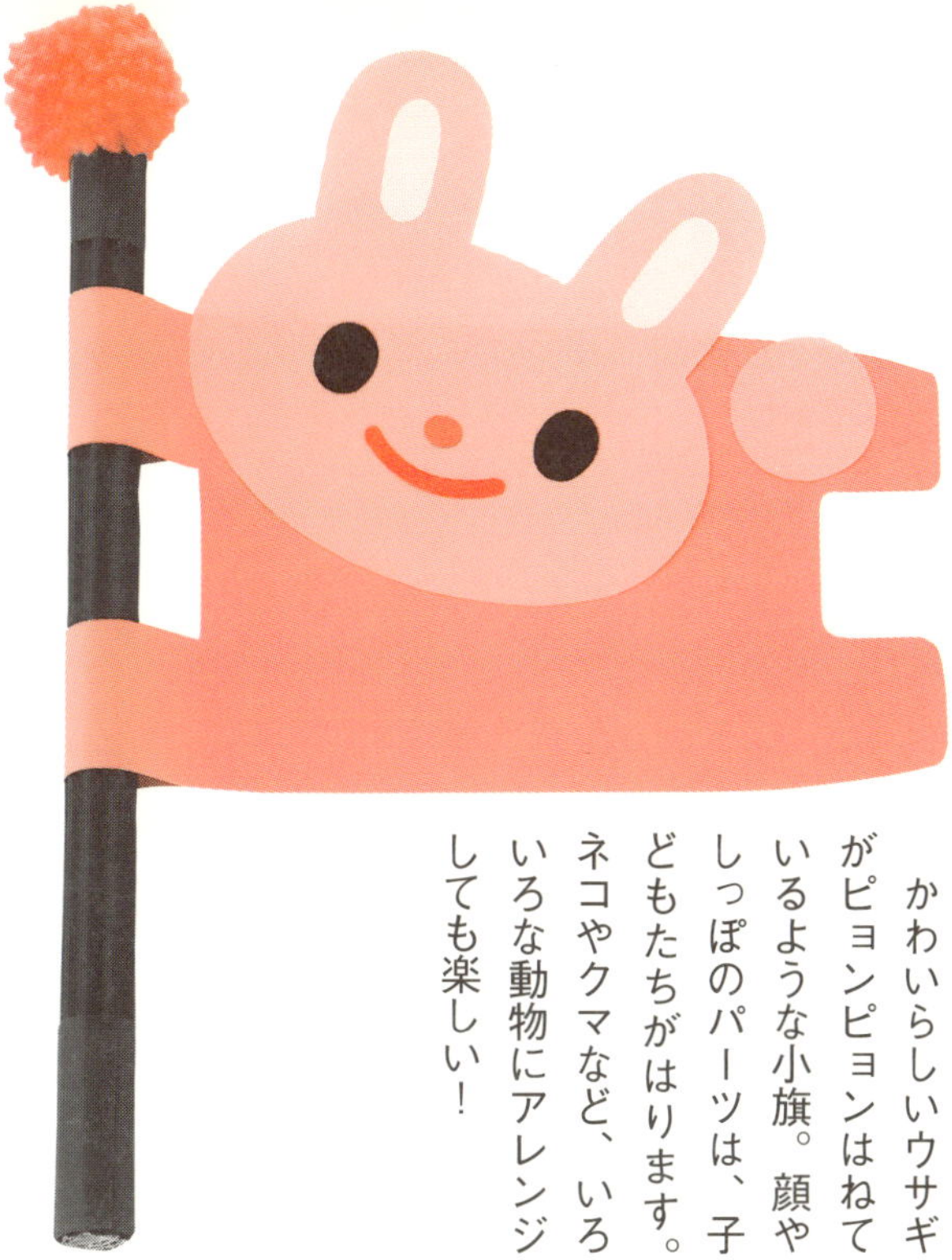

作り方

毛糸でポンポンを作る
結び目にモールを通し、片段ボールの裏にテープではる
細く丸める
手の部分を巻きつけ、のりで留める

型紙は100ページ

カエル太鼓メガホン

大きな口をあけたカエルのメガホン。左右に振ると腕が揺れてでんでん太鼓に変身します。子どもたちが好きな模様を描きましょう。

作り方

ペットボトルを半分に切る
色画用紙に写しとる
絵のように切りとる
顔を通し裏側をテープで留める
目打ちで2か所穴を空ける
モール
ビーズ
ビニールテープ
差し込んで中で丸める

型紙は101ページ

 案／大橋文男

告知をしよう

ポスターを作る

運動会の前には、目につきやすい場所にポスターをはって、園に訪れる保護者の方にお知らせします。かわいらしい絵や色合いで、ワクワクするようなポスターを心がけましょう。

園内にはるポスターはシンプルで楽しげに

ポスターを作る上で大切なのは、シンプルな内容であることです。お知らせしたいことを細かく入れすぎて、ごちゃごちゃした印象のものができ上がってしまうと、見る側には伝わりません。

まずは、保護者がいちばん確認したい日時を、どこに書くと見やすいか考えます。このとき、雨天の場合の延期日も明記しておくことがポイントです。また、運動会のテーマなども必要な項目です。テーマの雰囲気が伝わるようなイラストを添えて、ワクワク感を演出します。具体的な内容を示すものは、プログラムやお便りでお知らせするのでここでは必要ありません。

元気に楽しく！
運動会
10月10日（土）9:30〜14:00
雨天の場合
10月11日（日）
チャイルド幼稚園
TEL000-000-000
http://www.0000.00.00

テーマを設けて明記しておくと、期待感アップ！

日時（雨天の場合も）を明確に。吹き出しなどに入れると見やすい

細かい内容説明は不要。楽しい雰囲気で簡潔に

HPや連絡先を明記

ポスターをはる時期は一か月前を目安に

ポスターは、あまり早くはっても、見る側の印象が薄れてしまうし、直前でも効果がありません。だいたい一か月から一か月半前を目安にはるとよいでしょう。保護者向けに園内にはるものと、地域の人向けに園外にはるものがあるときも、この時期に同時にはります。また、問い合わせがあったときのために、職員間でどのように対応するかを事前に話し合っておくと安心です。

地域の人に向けたポスターは……

地域の人に向けたポスターは、日時やテーマのほかに、地域の人対象の競技や未就園児、卒園児の競技についてのお知らせも必要です。おおよその競技の開始時間を明記しておく方法もありますが、プログラムの順番を明記しておくと、当日時間のズレが出ても安心です。

開催日や時間は目立つように

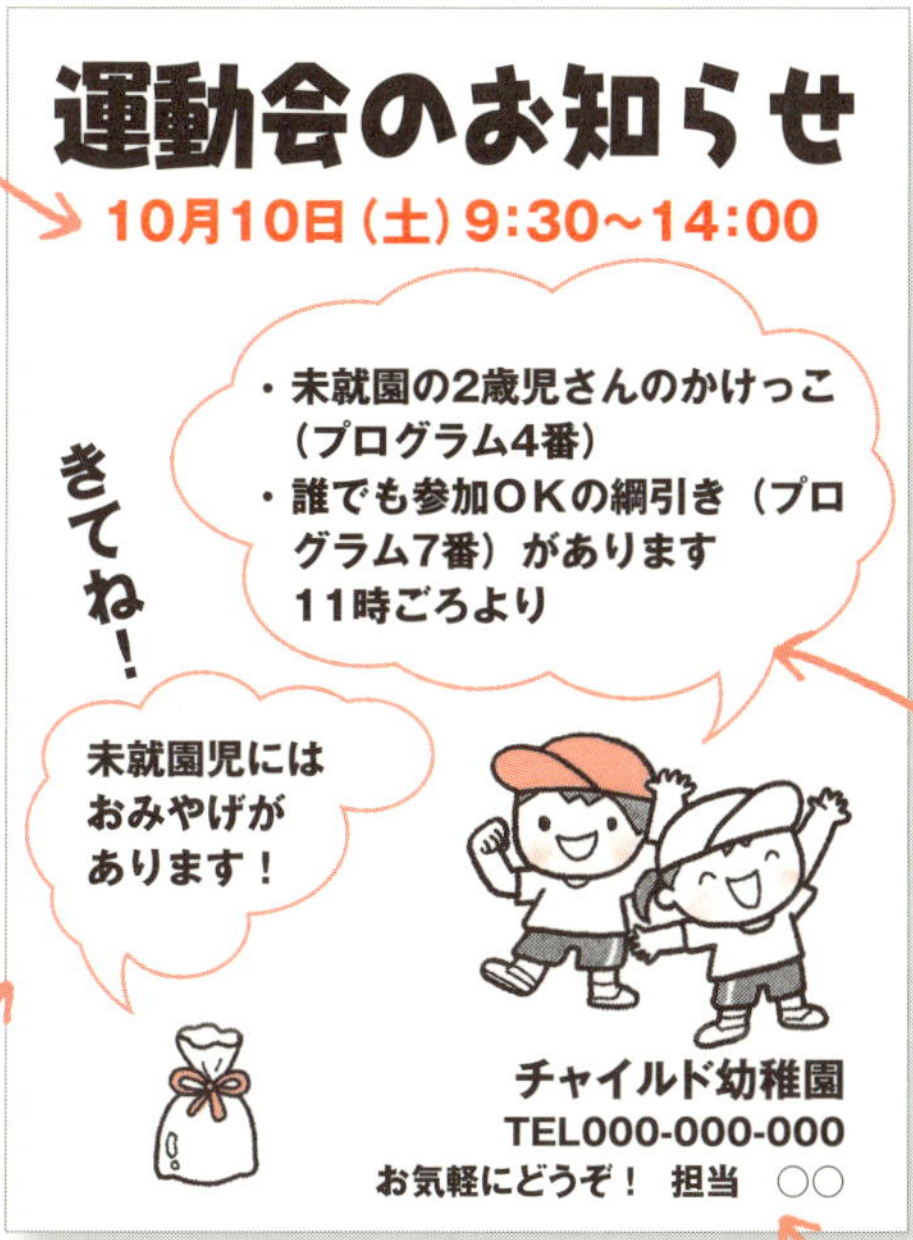

地域の人対象の競技など、プログラムの順番やおおよその競技開始時間を明記

おみやげを準備している場合は、ぜひ書いておこう！

連絡先に一言添えると親しみやすい印象に。担当者の名前が明記してあると問い合わせがしやすい

お話／小田圭子

見やすく楽しく

プログラムのアイデア

運動会に欠かせないプログラムにも、ひとくふうがあると受け取る側も毎年楽しみになりそうですね。コンパクトで持ち運びしやすいデザインがポイントです。

カバン型プログラム

持ち手がついたカバン型プログラム。作り方も簡単なので、忙しい運動会前にも負担が少なく作れます。見やすく持ち運びがしやすい大きさを考えて作りましょう。

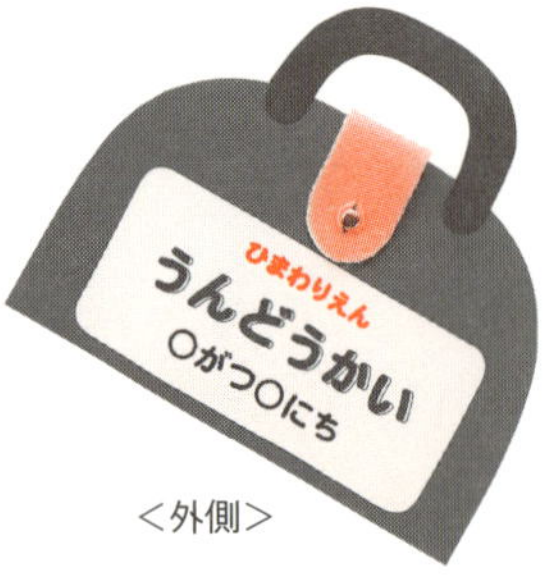

ひまわりえん
うんどうかい
○がつ○にち

＜外側＞

☆プログラム☆
午前の部
1 はじめのことば・・・・・・全園児
2 たいそう・・・・・・・年少組
3 バナナにへんしん・・・・年中組
4 パワーぜんかい・・・・年長組
5 ドンドンダンス
午後の部
6 ロボットからGO！・・・・年長親子
7 おさるとバナナ・・・・・全園児
8 玉入れ・・・・・・・・年少組
9 かけっこ・・・・・・・・年中組
10 おわりのことば

＜内側＞

作り方

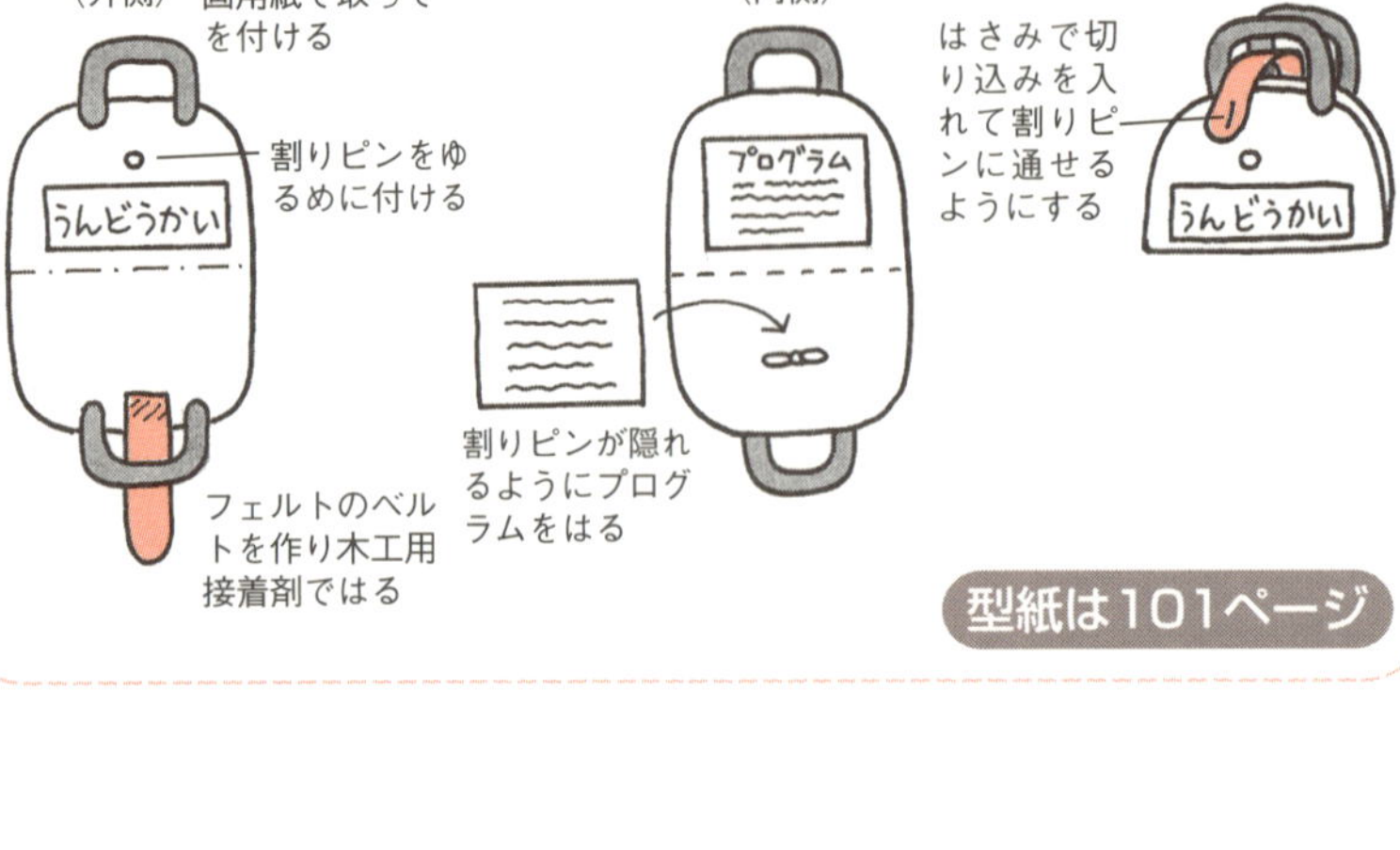

（外側）
画用紙で取ってを付ける
割りピンをゆるめに付ける
うんどうかい
フェルトのベルトを作り木工用接着剤ではる
（内側）
プログラム
割りピンが隠れるようにプログラムをはる
はさみで切り込みを入れて割りピンに通せるようにする
うんどうかい

型紙は101ページ

まんまる動物プログラム

コロコロしたマスコットがプログラムを抱きしめている姿がかわいらしいプログラムホルダー。手の部分を離すとプログラムが広がります。また、首にかけることもできます。

☆プログラム☆
午前の部
1 はじめのことば
2 たいそう・・・・・全園児
3 バナナにへんしん・・年少組
4 パワーぜんかい・・・年中組
5 ドンドンダンス・・・年長組
6 ロボットからGO！・年長親子
午後の部
7 おさるとバナナ・・全園児
8 玉入れ・・・・・・年少組
9 かけっこ・・・・・年中組
10 おわりのことば
メモ
☆プログラム☆

作り方

厚めの色画用紙で動物を作る
はる
プログラム
リボン
手の付け根に両面テープをはっておくと押さえやすい
プログラム

型紙は102ページ

ペンダント太鼓

チーズの丸い空き箱を太鼓に見立てました。運動会の後は、おもちゃとして活躍します。首飾り型なので、持ち運びも便利。

☆プログラム☆
1 たいそう・・・・・・全園児
2 バナナにへんしん・・年少組
3 パワーぜんかい・・・年中組
4 ドンドンダンス・・・年長組
5 ロボットからGO！・年長親子
6 玉入れ・・・・・・・年中組
7 おわりのことば

作り方

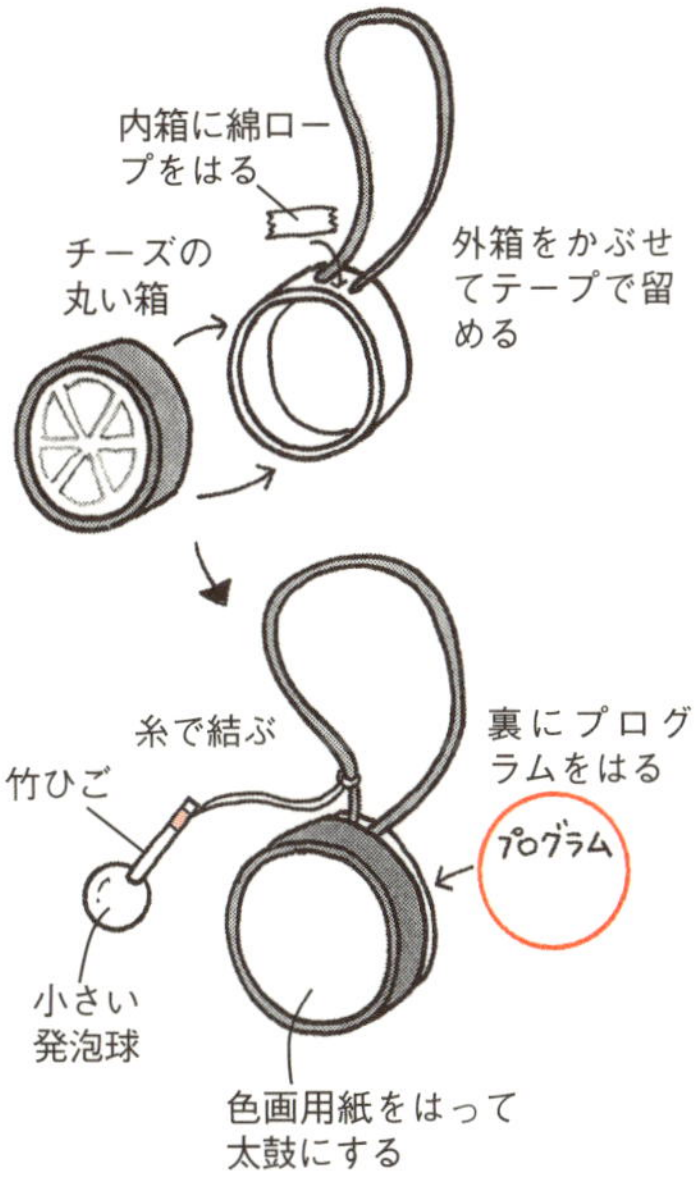
内箱に綿ロープをはる
チーズの丸い箱
外箱をかぶせてテープで留める
糸で結ぶ
竹ひご
裏にプログラムをはる
プログラム
小さい発泡球
色画用紙をはって太鼓にする

手作りメダル&バッジ

プレゼントを作る

運動会の最後には、子どもたちにこんなプレゼントはいかが。がんばった記念のメダルやバッジを身につけて大喜びです。身近な素材で簡単に作れます。

ロボットバッジ

子どもたちに大人気のロボットをバッジにしました。手足はモールをコイル状にしてロボットらしさを演出。おなかの部分には、あたたかいメッセージをはりましょう。

がんばったね!

作り方

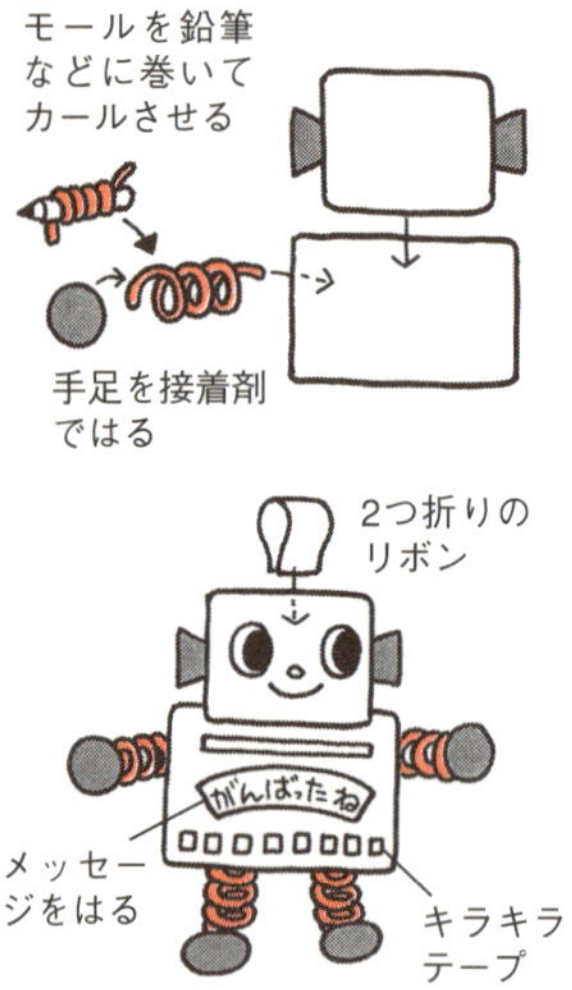

モールを鉛筆などに巻いてカールさせる
手足を接着剤ではる
2つ折りのリボン
がんばったね
メッセージをはる
キラキラテープ

＊安全ピンの固定された側にリボンを通す。

型紙は102ページ

ふっくらバッジ

トイレットペーパーの芯を利用したネコの顔がポイントのバッジ。顔の周りに折り紙などでたてがみをつければ、ライオンにも変身します。

作り方

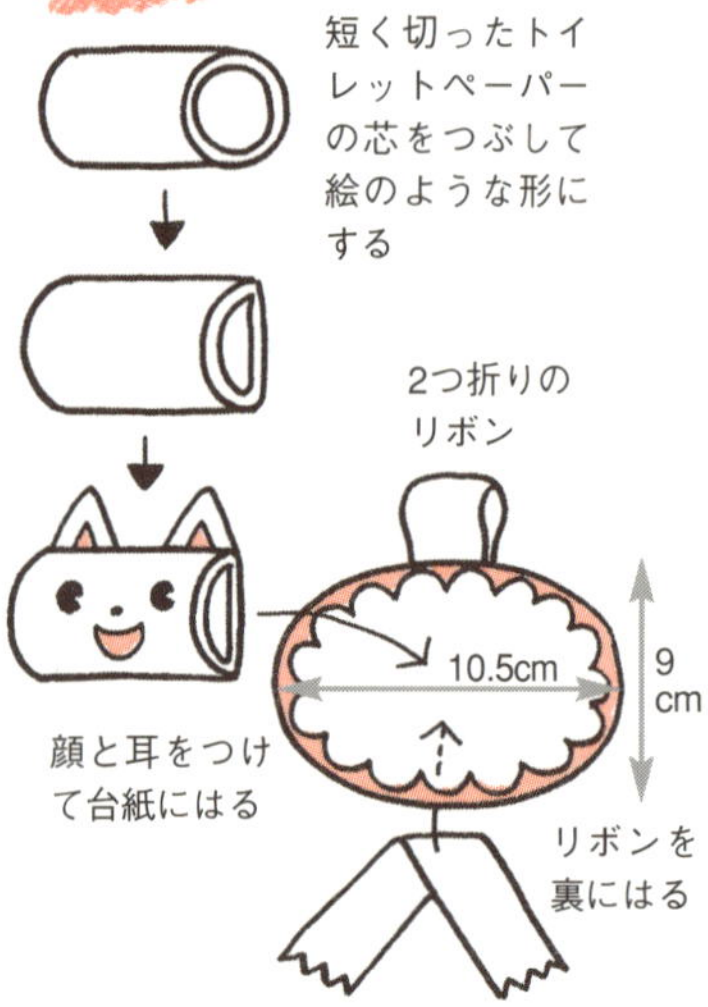

短く切ったトイレットペーパーの芯をつぶして絵のような形にする
2つ折りのリボン
10.5cm
9 cm
顔と耳をつけて台紙にはる
リボンを裏にはる

＊安全ピンの固定された側にリボンを通す。

型紙は102ページ

バンザイメダル

ひもを引っ張るとウサギがバンザイをする、リボンで首からさげるメダルです。厚めの紙で作ると丈夫に仕上がります。

作り方

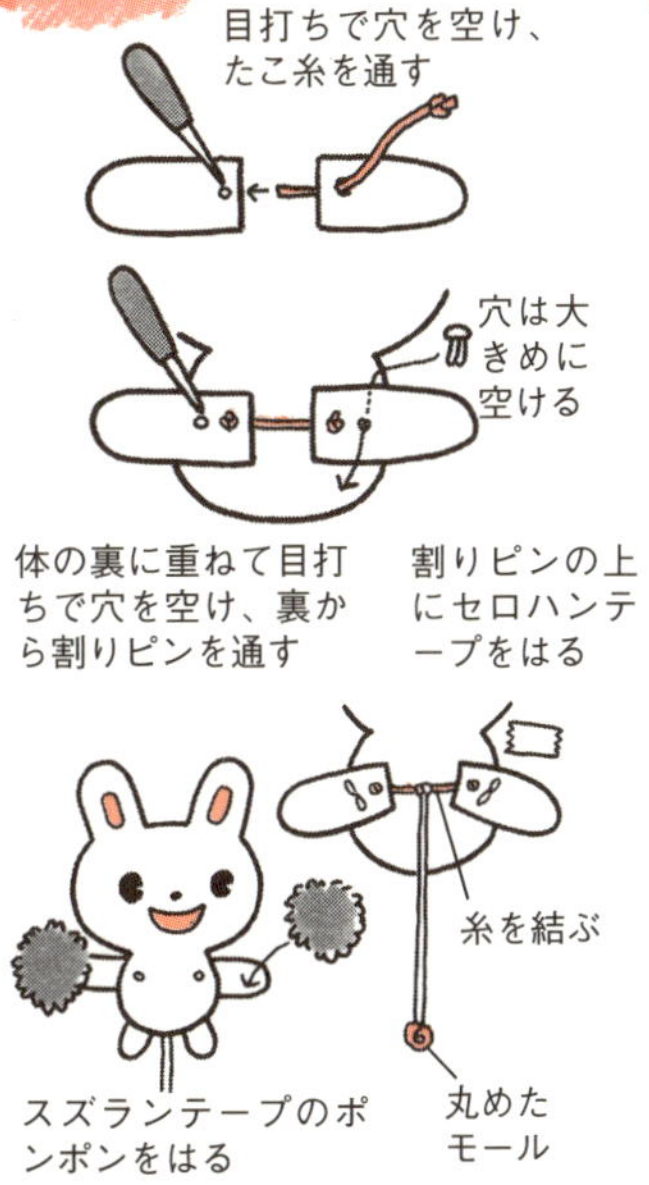
目打ちで穴を空け、たこ糸を通す
穴は大きめに空ける
体の裏に重ねて目打ちで穴を空け、裏から割りピンを通す
割りピンの上にセロハンテープをはる
糸を結ぶ
スズランテープのポンポンをはる
丸めたモール

型紙は103ページ

王子さま・お姫さまメダル

王子さまとお姫さまがモチーフのかわいらしいメダル。裏側にメッセージを添えてプレゼントするのもアイデアです。リボンで首からさげるタイプです。

作り方

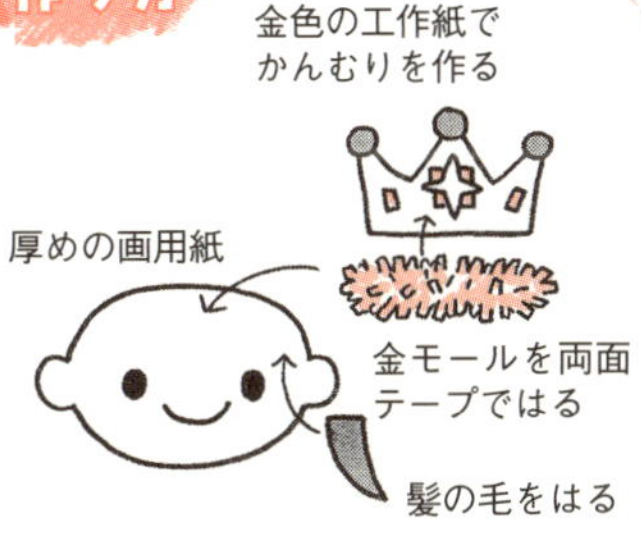
金色の工作紙でかんむりを作る
厚めの画用紙
金モールを両面テープではる
髪の毛をはる

型紙は103ページ

効果的に活用

音楽の選び方

運動会を盛り上げるためには欠かせない音楽も、タイミングや選曲などに気を配るとより効果を発揮します。まずは失敗しない音響のコツを知っておきましょう。

音楽を上手に活用して盛り上げよう

運動会の雰囲気を盛り上げるはずの音楽も、曲選びや流すタイミングによっては、効果が半減してしまいます。子どもたちになじみのある曲、運動会らしいスピード感のある曲、競技の内容にぴったり合う曲など、考えながら選びたいものです。

例えば流行の歌は、たくさん取り入れるよりも、1~2曲にしぼった方が効果的です。また、入退場曲や競技中は歌のない曲にすると、歌が入った遊戯曲が映えます。複数の保育者で意見を出し合い、園児が練習する際に実際に音楽を流してみると雰囲気がつかめて安心です。当日は、音楽の間が空かないよう編集し、タイミングよく曲出しをするのも大切なポイントです。

♪入退場のときは競技内容に合わせて決めよう

開会式の入場行進は、運動会の始まりなので、ワクワクするような明るい曲がぴったりです。しっかり行進できる、並足テンポの曲にしましょう。親子競技の入退場は、手をつないで歩ける、かわいらしい雰囲気が効果的。入退場に時間をかけすぎると間が空いてしまいます。その他の競技は駆け足で入退場できる、テンポのいい曲を選ぶとメリハリよくまとまります。

今年の流行は？
アニメ
CM…

入場のときは…
親子で入場のときは…
CD
CD

保護者競技はスピード感を演出しよう

保護者競技は、園児の競技よりもスピードや迫力がある内容になります。音楽もそれに合わせてテンポのいい曲を選びましょう。昔から小学校の運動会で定番の曲や、保護者世代にはやった曲など、懐かしさがわいてうれしくなるような曲にすると喜ばれます。

昼休みはゆったりした雰囲気で

昼食の休憩時間は、リラックスできるゆったりした音楽を、小さめの音量で流しておく程度にしておきます。近隣への配慮などが気になる場合は、昼休み終了のときだけに流すようにしてもよいでしょう。

かけっこやリレーのときは気持ちを盛り上げるアップテンポで

かけっこやリレーなどの花形競技は、なじみのあるアップテンポの曲で雰囲気を盛り上げましょう。音楽が途中で途切れてしまっては、せっかく盛り上がった会場の雰囲気が台無しです。競技の時間と曲の時間をしっかり計算して、不備のないように注意しましょう。

保育者に聞きました　こんな曲をかけています！

●開会式、閉会式入場
「双頭の鷲の旗の下に」（J・F・ワグナー）「ラデツキー行進曲」（J・シュトラウス）
●かけっこ、リレー
「天国と地獄」（J・オッフェンバック）「トランペット吹きの休日」（L・アンダーソン）「剣の舞」（A・ハチャトゥリアン）「クシコスポスト」（H・ネッケ）
●親子競技
童謡メドレー、そのときはやっている歌
●未就園児競技
アニメのテーマ曲、「さんぽ」（作詞／中川李枝子　作曲／久石譲）
●保護者競技
保護者世代が子どものころにはやった歌謡曲

など

準備が大切

司会の心得

運動会をスムーズに進める上で、無駄のない司会進行は大切です。ポイントをしっかり押さえて、リラックスして当日を迎えられるよう心がけましょう。

確認事項を明確にした上で原稿をしっかり用意しよう

司会進行を行うにあたっては、各項目ごとの原稿をしっかりと用意することが大切です。例えば、開会式の進行のなかでも、園長の名前や来賓《ひん》あいさつをもらう人の肩書きや名前など、進行表に書き添えておきます。「暗記しているから大丈夫」は禁物。緊張して真っ白！　というときにも、メモをしておけば慌てません。また、各競技のアナウンスのタイミングも事前によく確認しておきましょう。途中で呼び出しをする場合や、準備に手間取っているときなどの原稿も用意しておくと安心です。緊張すると早口になりがちです。屋外ではマイクを通した声は響くので、ていねいにゆっくりと話すように心がけます。

準備に手間取っているときの話し方例

「遊戯を盛り上げるためのお色直しに時間がかかっているようです。まもなくかわいく変身して登場します。もう少々お待ちくださいね。さぁ、準備ＯＫでしょうか？」

「ちょっとハプニングがあった模様です。おトイレかな？　お客さんがたくさんいるので緊張してしまったのかもしれませんね。はい、準備ができたようです。スッキリしたところで始めましょう！」

親子競技を盛り上げる話し方例

「さぁ、準備体操は済ませましたか？　日ごろの運動不足を吹き飛ばしましょう。かわいい子どもたちのために優勝目指してがんばりましょう」

「お父さん、お母さん、ここが腕の見せ所ですよ！　がんばるのはお子さんだけではありません。今こそヒーロー、ヒロインになってかっこいいところを見せましょう」

職員競技を盛り上げる話し方例

「お友達だけでなく、先生たちもがんばりますよ！　今年はどの先生が活躍するかな？　みんなも応援してくださいね」

「昨年負けて悔し涙を流した○○先生は、この日を目指して毎日のジョギングを欠かさなかったそうです。△△先生！　今年は尻もちをつかないようにがんばってくださいね」

司会の準備

チェックポイント

- 来賓など、あいさつをする人の肩書き、氏名(読み方)をチェック
- 各競技の内容を紹介できるかチェック
- 園児紹介をするときは氏名をチェック
- 急な呼び出しやハプニングなどに対応できるかチェック

配置の仕方

会場のレイアウト

当日は、混雑が予想されます。トラブルを避け、段取りよく運動会を進めるためには機能的な会場作りが大切。必要なコーナーを挙げて、配置する場所を決めましょう。

スムーズに進行できる配置を考えよう

会場の配置は、フィールドのトラックを中心にして考えます。本部のテントを正面とし、入場や退場の動線を考えて、入退場門の位置を決めるとよいでしょう。また、放送席から入場門がよく見えるように位置取りすると、入場準備の確認がしやすく、進行がスムーズです。園児席を設ける場合は、入場待機をしやすいように門の横にしたり、いざというときのためにトイレに近い場所にすると便利ですが、園の入り口付近は人通りが多いので、避けたほうが無難です。用具を置いておく場所は、競技の邪魔にならず、速やかに用具を出し入れできる場所を考えて配置しましょう。

保護者席はできるだけ広くとることが基本

当日はたくさんの人が運動会を楽しみにし、子どもたちの活躍ぶりに期待をしています。限られたスペースのなかでも、できるだけ多くの方にゆったりと観覧していただけるような手立てを考えましょう。会場への出入りを考える上でも、入り口付近を中心に配置すると人の流れがスムーズです。

駐輪場には、誘導係を配置しよう

駐輪場も会場の入り口付近に設置するとよいでしょう。保護者席の後ろが空いていれば、そこを駐輪場にするのもアイデアです。自転車とバイクを混ぜて止めると、倒れたときに危険です。少しだけでもバイクスペースを分けておくと安心ですね。駐輪場には誘導係を置いて、混乱がおきないようにすることが大切です。

会場の配置例

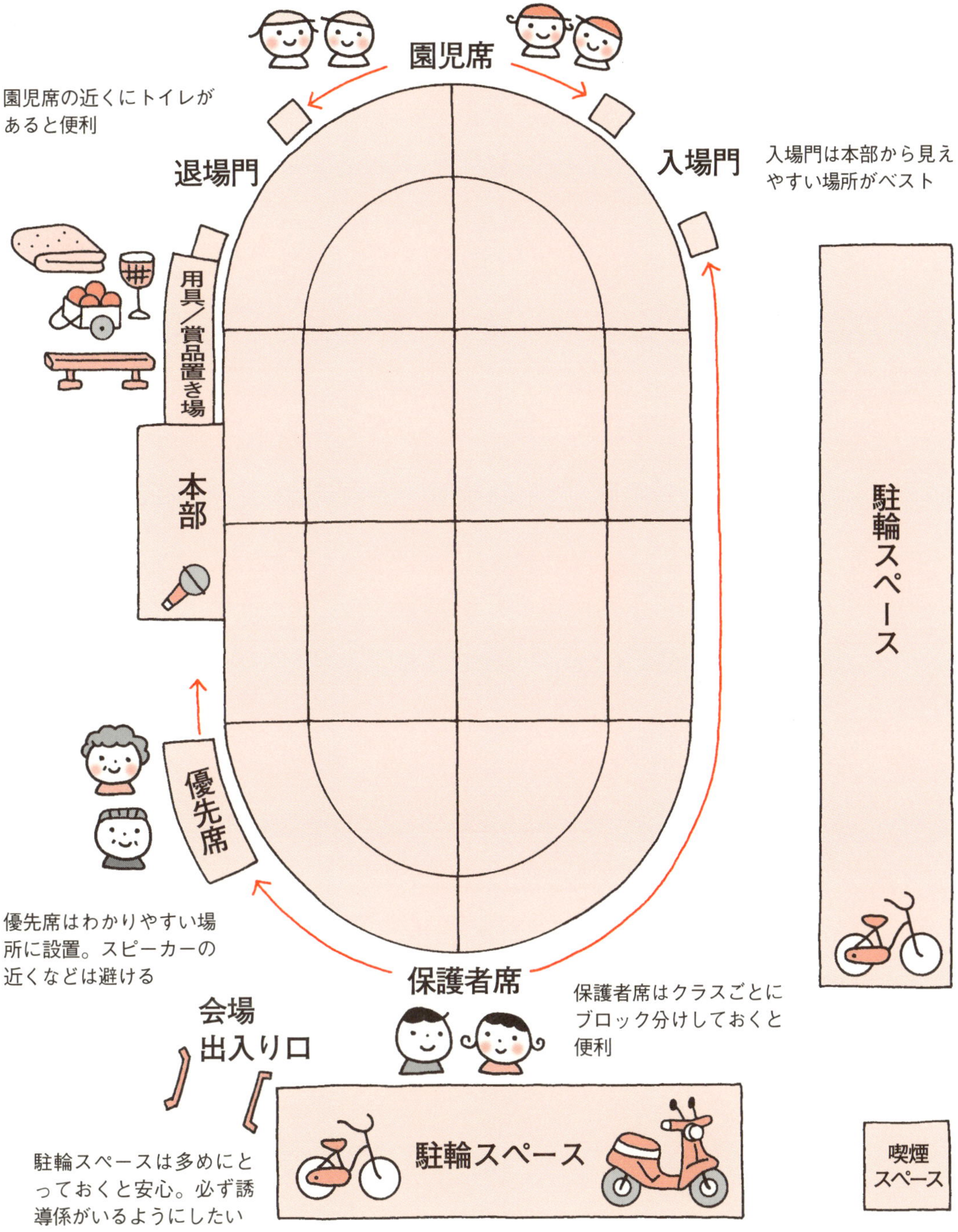
園児席
園児席の近くにトイレがあると便利
退場門
入場門
入場門は本部から見えやすい場所がベスト
用具／賞品置き場
本部
駐輪スペース
優先席
優先席はわかりやすい場所に設置。スピーカーの近くなどは避ける
保護者席
保護者席はクラスごとにブロック分けしておくと便利
会場出入り口
駐輪スペース
駐輪スペースは多めにとっておくと安心。必ず誘導係がいるようにしたい
喫煙スペース

元気いっぱい

開会式、閉会式のアイデア

運動会の最初と最後は、すてきな演出で気持ちを盛り上げたいものです。実際に園で行われている開会式、閉会式のアイデアをご紹介します。

開会式

楽しいことが始まる期待感を高めるためにも、元気いっぱいな演出で盛り上げましょう。異年齢のふれあいや、友達同士の団結心が高まるような入場方法が効果的です。

全園児が入場門で待機する。放送の合図で「ワーッ！」と言いながら、担任の保育者のもとへ集合！

5歳児が3歳児をエスコートしながら入場行進。

各クラスのプラカードを先頭にトラック1周。プラカードは5歳児が分担して持つ。

閉会式

元気にがんばった子どもたちの姿をたたえる閉会式にしましょう。最後にプレゼントがもらえたり、達成感が味わえる演出を心がけます。園児は疲れているので、短めの時間で終えるようにしましょう。

園長の閉会宣言の後、最後にカウントダウンをしてみんなでピーピー風船を飛ばす。

保護者といっしょに並んで入場。最後は保護者のだっこで終了！

メダルなどの「がんばり賞」を担任から一人ひとりにプレゼント。みんなで健闘をたたえ合って終了！

5歳児が前に出て閉会宣言。最後のセリフは全園児で言う。「これで運動会を終わります！」「終わります！」

万全な安全対策

不審者への対応

当日は、大勢の人でにぎわい混雑します。それだけに、防犯への意識を高めておくことも大切です。事前に職員間で、どのような対策を立てるかよく話し合っておきましょう。

職員間であらかじめ対応策を

運動会のために子どもたちは練習を繰り返し、当日は意欲満々で取り組みます。そんな子どもたちの姿を、たくさんの人に見てもらい、応援してほしいものです。しかし一方で、会場を出入りする人が多くなればなるほど、防犯への意識を高めておくことも大切。子どもたちがのびのびと運動会に取り組めるよう、あらかじめ職員間で対応策を話し合っておきましょう。

例えば、事前に来園する予定の人の名前を保護者に提出してもらい、名簿を作成しておくのも有効。まずは会場内にどんな人がいるのか、常に把握しておくことが重要です。

不審者防止対策 チェックポイント

- 貴重品は手元から離さないよう事前にお便りで呼びかけ、当日は放送でも呼びかける。
- 出入り口付近に人を配置して、行き来する人をチェックする。
- 普段見かけない人には積極的に声かけをする。
- 未就園児からは目を離さないよう、保護者に放送で呼びかける。
- 職員は腕章をつけ定期的にパトロールを実施する。
- 撮影スポットもチェック！　声をかけて目を伏せる人は要注意。
- トイレなど、死角になるところをこまめにチェック！

保育者に聞きました 私の園の実践例

近隣の警察署にパトロールを依頼

前もって近隣の警察署に開催する日時を伝えておきます。その上で、当日は時々パトロールに来てもらえるようにお願いしています。

運動会があるのでパトロールを…

保護者に腕章をつけてもらう

事前のお便りで、協力してくれる保護者を募り（特に父親）、当日はパトロール中の腕章を付けてもらっています。できるだけ多くの方に腕章を付けてもらうだけでも効果があるようです。

事前に参加者を把握

あらかじめ参加者の名簿を作成しておき、当日受付で自分の名前のところをチェックしてもらっています。会場へは、必ず受付を通らないと入れないように徹底しています。

保護者や関係者は肩にリボン

保護者や関係者の方には、受付でリボンを渡しています。リボンは必ず肩に付けていただくようにお願いしています。肩にリボンのない人は複数の保育者で声をかけます。

リボンを付けてください
はい

保護者席は空っぽにしない

盗難などの防止のため、保護者席にはひと家族につき、必ず誰かがいるようにお願いしています。

保護者席には必ず誰かがいてください

職員はホイッスルを携帯

職員全員がホイッスルを首から下げています。不審者発見の場合には、「ピ——ッ！」と長く吹き、知らせるように徹底しています。

 お話／鈴木愛子　イラスト／三浦晃子

有意義な活動を

運動会に向けての過ごし方

運動会までの日々を子どもたちとどのように過ごすかも大切です。日常の保育のなかで運動会の話題を取り上げながら、上手に盛り上げましょう。

運動会に興味をもつ

例えば運動会を10月に設定した場合、1学期の保育のなかから運動会ごっこをしたり、音楽に合わせて踊ってみたり、好きな遊びのなかでリレーやボール遊びを楽しんだりします。そうして時間をかけて運動会をイメージする活動を取り入れると、当日への取り組みがスムーズです。友達と走ったり踊ったりしながら、体を動かすことを楽しいと感じられるようになったら、「運動会ごっこ」として、本番に近い競技に少しずつ挑戦してみましょう。なん度か「運動会ごっこ」を楽しみ、子どもたちが運動会に興味を示し始めたら、具体的な競技の内容について話し合う機会をもち、気持ちを高めていきましょう。

先生 ボールで遊ぼう
ボール送りをしようか
ボール いったよー
ぼくも いれてー
わー きたー
ガンバレー
(ある日のこと…)
今年の運動会はなにをしたい?
ボール送り!
ぼくも ボール!
ダンス!
普段からボールをよく使って遊んでいるから……大玉転がしに挑戦してみようかしら…

みんなで意見を出し合う

運動会を経験したことのある子どもたちとは、次の運動会でどんな競技に挑戦したいかを話し合うのも効果的です。

例えば、「去年の運動会を覚えている？　いろんな人が見に来てくれて元気いっぱいだった子もいるし、はずかしくなっちゃった子もいたね」など、思い出すように問いかけてみます。子どもたちは、いきいきとさまざまなエピソードを話してくれるでしょう。雰囲気が盛り上がってきたら「○○ちゃんは△△が楽しかったんだって」などと話をしながら子どもたちの意見を求めてみましょう。

ホワイトボードや紙に、みんなで考えたことを書き出し、後日、競技内容が決まったときにも、どこにどの意見が生かされているかを伝えていくと、さらに期待感が高まります。

1
去年、みんながゆり組だったときの運動会覚えてる？
綱引きで勝ったんだよねー
カエルのダンスが楽しかった
そう！
2
Aくんは玉入れが楽しかったのね
玉入れ！
リレー
私も
3
綱引きや玉入れは今年もやりたいな…
ダンスも好きだから……
4
みんなが力を合わせてやれる綱引きと玉入れ今年もやりまーす
それとかわいい衣装のダンスと…
わあっ
わーい
がんばるぞー！

日常の遊びとつなげる

運動会の競技を、普段の遊びのなかからつなげていくと、競技への取り組みがスムーズです。普段、好きな遊びや一斉活動で行う運動遊びのなかで、子どもたちがどんな遊びを楽しんでいるか思い出してみましょう。なわとび、鉄棒、色おに、変身ごっこ……。競技へつながる遊びはたくさんあります。

　また、なじみのある遊びを競技のなかに取り入れることにより、運動会後の遊びの幅が広がります。実際に、大なわとびが活発に行われていた園で、障害物競技として、回っている大縄をタイミングよくくぐり抜けていくコーナーを取り入れてみました。すると、これをきっかけに今までなわとびに興味をもっていなかった子も挑戦し、自信をもつことができるようになったというケースもあります。

練習をする

本番を迎えるまでに、練習は欠かせません。この練習の時間をどのように過ごすかは、子どもたちにとって大切です。例えば、運動会ごっこや年齢ごとの練習で他年齢に見てもらい感想を聞いてみるのも効果的。3歳児にとっては5歳児のダイナミックな動きが刺激になり、初めての運動会を楽しみにすることができるでしょう。また、同年齢だけで行うとしたら、2グループや男女に分かれて見せ合ってもよいでしょう。友達の練習を見る事で、〝自分も〟という気持ちがわき、意欲につながります。

なによりも大切なことは、練習漬けになってしまわないことです。練習に追われ、保育者の顔がこわばったり、感情的になったりしては台無しです。保育者自身が楽しめる余裕をもち、笑顔で子どもたちと向き合っていくように心がけましょう。

見て、ゆき組のお兄さん お姉さんがダンスしてるよ
わーっ
わあ〜 かっこいい〜
先生、ゆき組さんすてきだったねー
かっこよかったー
上手だったわね
エイッってこうやって
ぼくたちもあんなふうにやりたいね
楽しんでやることが一番ね
ウン!

5歳児の役割

5歳児にとっては園生活で最後の運動会。最年長児として、運動会を手伝ってもらえるよう声かけしてみるのも効果的です。

例えば、3歳児の担任から「かけっこでゴールをした後、クラスの列のところまで一人で行けなくて困っています。○○組のお兄さん、お姉さんにお手伝いしてもらいたいのですが、お願いできますか」などと手紙や口頭で依頼してもらいましょう。〝われこそは〟と張り切ってお手伝いしてくれる子どもたちが現れるに違いありません。練習のときに3歳児の子どもたちに5歳児を紹介し、練習の終了後は「お兄さん、お姉さんありがとうございました」といっしょにお礼を言うことも大切です。

〝誰かを手伝うことができた〟という経験が、ほかのことにも意欲的に取り組むきっかけとなるでしょう。

part 3

当日編

運動会を盛り上げるアイデア

子どもたちの年齢に合わせた楽しい演目や、
リハーサルのいらない保護者の競技、
子どもたちが見て楽しい職員の競技など、
当日を盛り上げるためには、くふうを凝らした内容が大切です。

園児がチャレンジ

3、4、5歳児のアイデア競技

子どもたちが大好きな遊びの要素を取り入れた競技です。失敗しないように一生懸命取り組む表情が愛らしく、見ている保護者側も楽しめます。

案（52～65ページ） 竹内淳・きのいい羊達

3、4歳児

お手伝い上手かな

慎重すぎると追い抜かれ、急ぎすぎると失敗……。ハラハラドキドキの障害物競走です。

〈準備〉
絵のようにスタートとゴールの間に2か所の中継地点（AとB）を設けます。A地点にはトレー、B地点にはペットボトルを置きます。ペットボトルにはコップ1～2杯分の水を入れ、風で飛ばないようにしておきましょう。

●競技の進め方●

①合図でスタートしたら、A地点でトレーをとります。

②B地点でトレーの上にペットボトルを乗せ、落とさないようにゴールへ。

スタート
ゴール
←トレーをとる
A
←トレーの上に乗せる
B
お菓子の箱など
ペットボトルに水を入れる

3、4歳児

宝はどこだ？

子どもたちが大好きな宝探しを、かけっこに取り入れた競技。最後の大逆転も見所です。

〈準備〉
絵のようにスタートとゴールを決め、ゴール手前の5～10メートルあたりに、走る人数より多めのカラーコーンを置きます。カラーコーンの下には人数分の紅白玉を隠します。

競技の進め方

① スタート地点に腹ばいで合図を待ちます。
② 合図で立ち上がりカラーコーンに向かって走ります。
③ コーンの中に隠してある紅白玉を一つ見つけたら、紅白玉を持ってゴール！

ワンポイントアドバイス

カラーコーンを置く場所は、ゴールに近ければ近いほど逆転劇が期待できます。

スタート
腹ばいで待つ
ゴール
宝
宝
宝
5～10m
カラーコーンへ向かって走る
カラーコーンの中を探してね
ないよ～
あった♡
紅白玉を見つけてゴール！

5歳児

重い荷物、軽い荷物

重い荷物を選んでしまうと大変！
くじ引きの要素をプラスした競技です。

〈準備〉

1.5リットルのペットボトルを2本一組にして、走る人数より少し多めに用意します。ペットボトルは、水を満杯に入れたもの、半分くらい入れたもの、少し入れたものの3種類に分けます。白いレジ袋を二重にしてくるみ、中身がわからないようにしておきましょう。スタートとゴールの中間地点にレジ袋に入れたペットボトルを1.5～2メートル間隔で置きます。

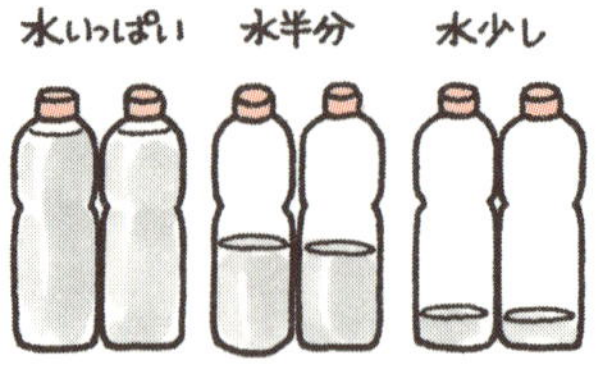
水いっぱい
水半分
水少し

競技の進め方

① 合図でスタートしたら一つ選んで持ちます。

② 袋を持ったら、そのままゴールへと向かいます。

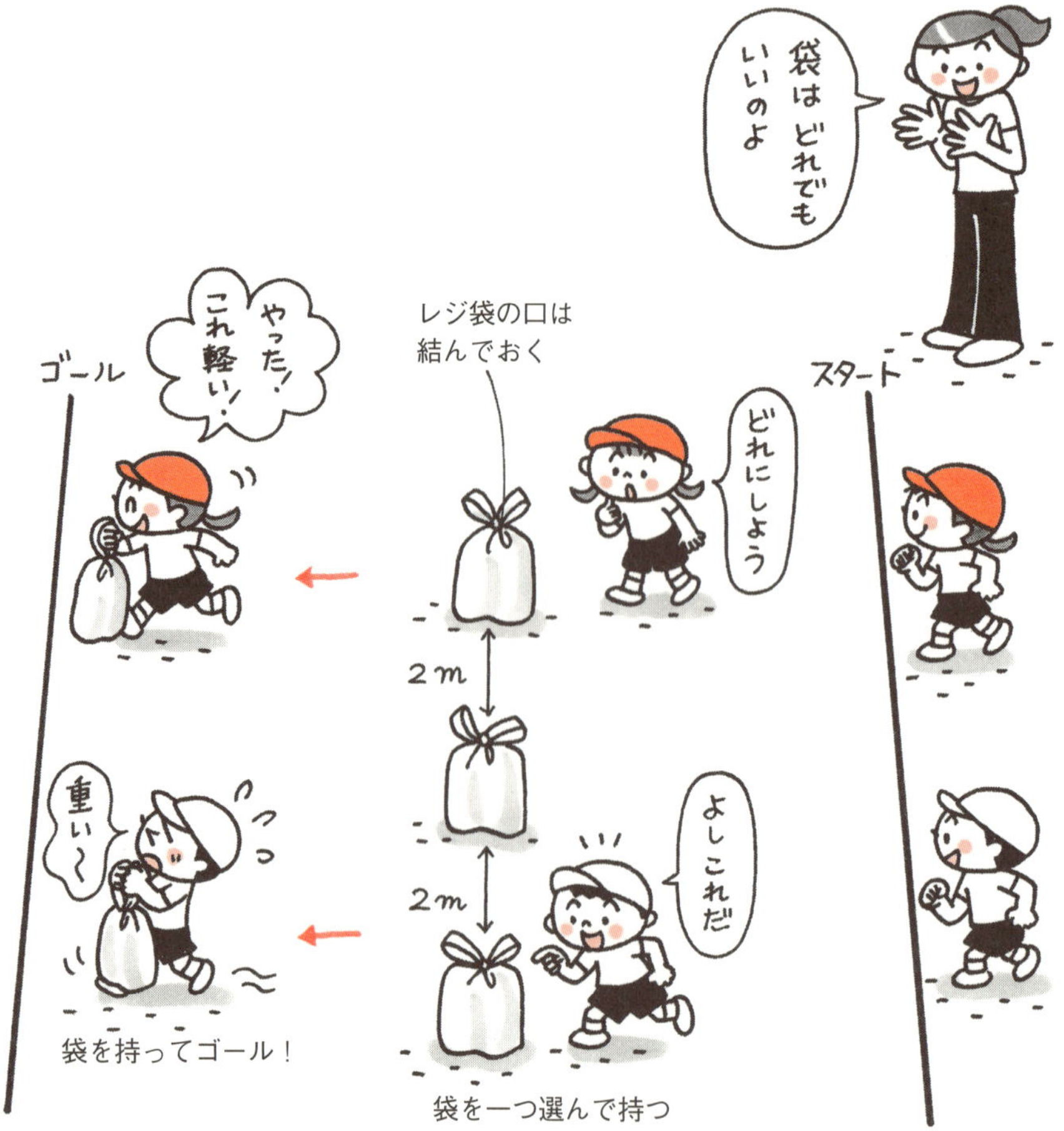
袋は どれでも いいのよ
スタート
ゴール
やった！ これ軽い！
レジ袋の口は結んでおく
どれにしよう
2m
2m
重い～
よしこれだ
袋を持ってゴール！
袋を一つ選んで持つ

5歳児

障害物サーキット

運動の基礎となる動きを集めた障害物競走。遊びながら基礎体力づくりとなります。

〈準備〉

絵のように、スタート地点からゴールまでの間に、5か所ほどの障害物を設定しておきます。例えば、

①横に倒したカラーコーンの上をジャンプ!
②跳び箱にチャレンジ!（跳べない子は座りながら降りるだけでもOK）
③大人の腕につかまってグルリと逆上がり!
④マットの上ででんぐり返し!
⑤パンチングボールで3回上手にポンポンできるかな?　など

競技の進め方

合図とともにスタートします。ゴールまで上手に障害物をクリアできるのか競走です。

ワンポイントアドバイス

あらかじめ、カラーコーンをジャンプする練習をしておくと競技がスムーズです。

足腰づくり
①カラーコーンの上をジャンプ!
ジャンプ!
スタート
跳び箱の開脚跳びにつながる
②跳び箱にチャレンジ!
よいしょ
鉄棒の逆上がりにつながる
③大人につかまって逆上がり!
逆上がりね
前転が上達する
④マットででんぐり返し!
ボールをパンチ
えいっ!
ゴール
ボール投げにつながる
⑤ボールを3回パンチ!

ペアでチャレンジ

3、4、5歳児の親子競技

園児と保護者がペアで挑戦する競技です。ピッタリ息のあった動きや、慌ててちぐはぐになってしまう様子が楽しく、運動会を盛り上げます。

3、4歳児

トントントントン！

保護者を見つけたときの、子どもたちのかわいらしい表情が見どころ。保護者と子どもが入れかわっても楽しめます。

〈準備〉
参加する親子がちょうど入る円を二つ描き、二つの円の延長線上にカラーコーンを置きます。

競技の進め方

①中央の円に親子で入ります。

②合図とともに子どもはカラーコーンに向かって走ります。その間、保護者はしゃがんで顔を隠します。

③カラーコーンを回って戻ってきた子どもたちは、自分の保護者を見つけ、肩をトントントンとたたきます。肩をたたかれた保護者は顔を上げます。わが子だったらおんぶをし、もう一つの円まで移動してゴールです。

ワンポイントアドバイス

一回戦は早くゴールしたチーム、二回戦は遅くゴールしたチーム（上手に隠れた）の勝ちにしても楽しい！

親子で円の中へ入る

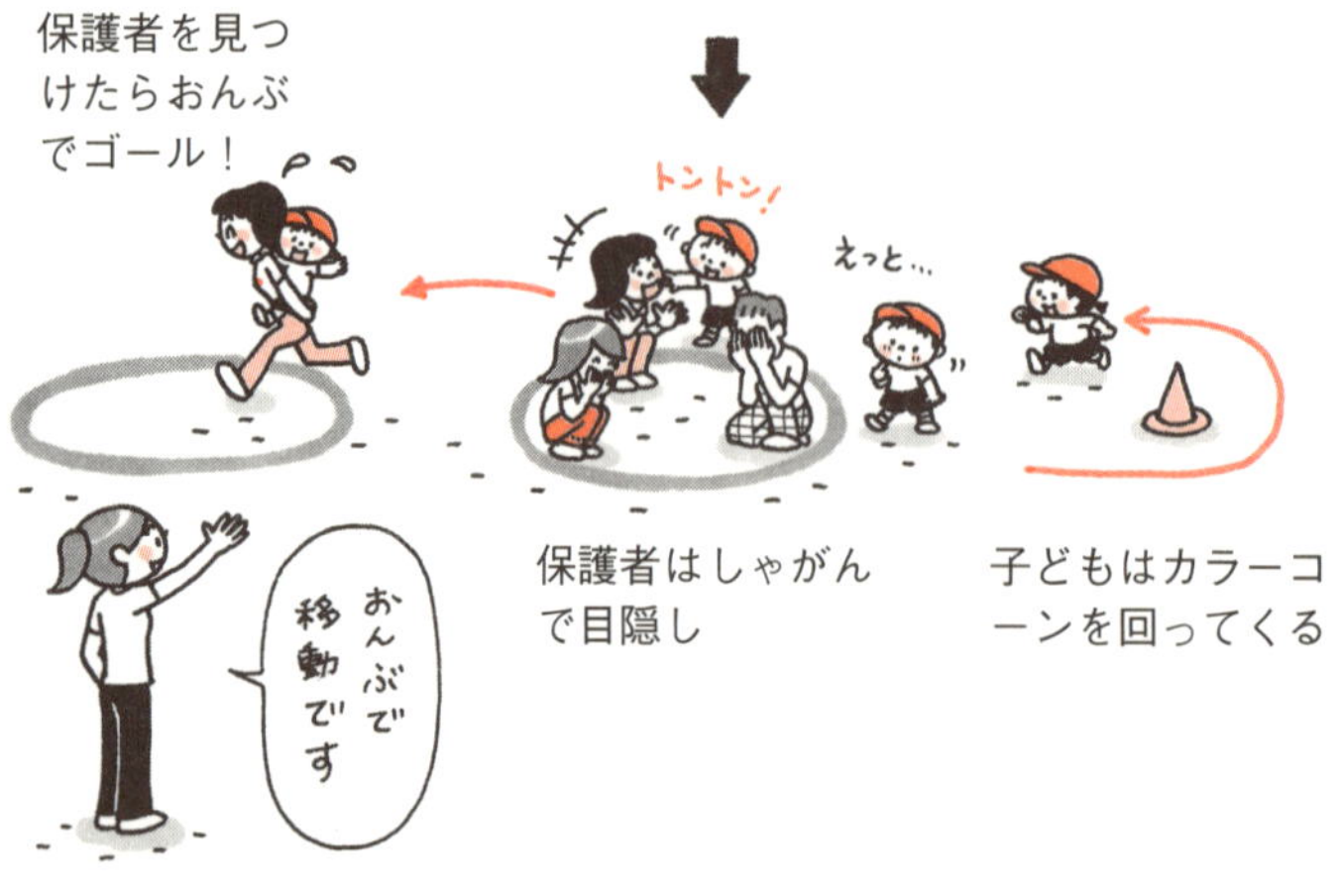

保護者を見つけたらおんぶでゴール！

保護者はしゃがんで目隠し

子どもはカラーコーンを回ってくる

3、4歳児

くねくねフープ

みんなで円になって、順番にフープをくぐっていくゲームです。一番早く全員がフープをくぐったチームが勝ちです。

〈準備〉

絵のように親子で手をつなぎ、円を作ります。スタート地点を設定し、そこに大きめのフープを通し、保育者が持ちます。

競技の進め方

① チームごとに分かれて円を作ります。

② 合図とともに手をつないだまま保育者が持っているフープをくぐります。

③ 一番早く全員がフープをくぐったチームの勝ちです。

ワンポイントアドバイス

全員がフープをくぐったら座るようにすると順位がわかりやすいです。

先頭の人には目印をつけておく
まわれ まわれ

5歳児

ハリケーンリレー

ダイナミックな動きと、親子の息が合ったところが見所の競技です。リレー方式で白熱しそう！

〈準備〉

絵のように、1チームごとに二つのカラーコーンを、間隔を空けて設置します。スタート地点も設定しておきましょう。親子で持てる長さの棒をチームの数だけ用意します。

●競技の進め方●

①チームに分かれ、親子でスタート地点に並びます。

②合図とともに二人で棒を持ちながら、絵のようにカラーコーンを回ります。スタート地点まで帰ってきたら、次の人と交代です。

ワンポイントアドバイス

隣のコースの人に棒がぶつからないよう、チームの間隔を広めにとっておきましょう。また、棒の先には、布でカバーをつけておくと安心です。

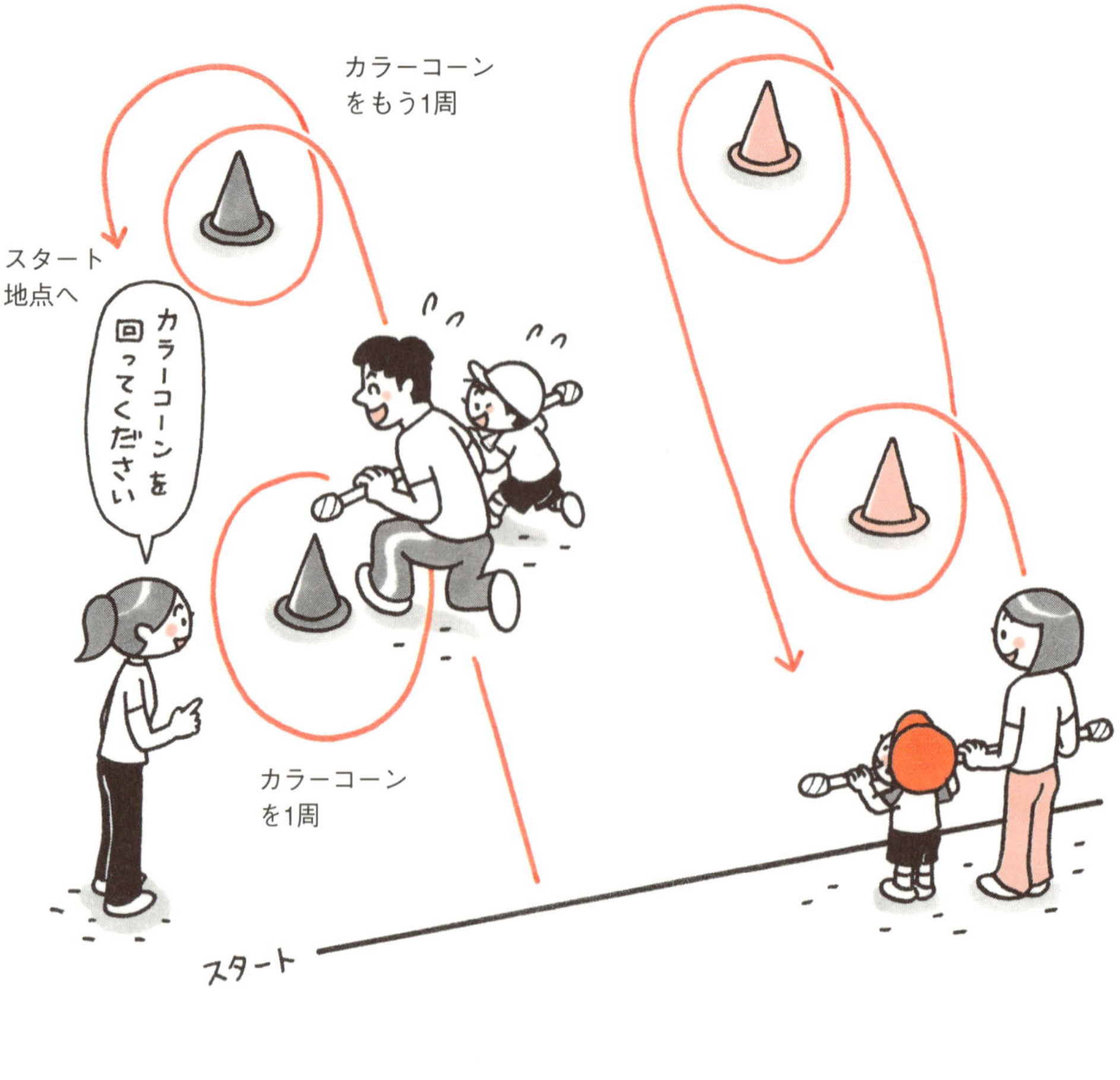

カラーコーンをもう1周
スタート地点へ
カラーコーンを回ってください
カラーコーンを1周
スタート

5 歳児

牛乳パックタワー競争

焦れば焦るほどうまくいかない……。思わず保護者のほうが夢中になってしまいます。

〈準備〉

できるだけたくさんの牛乳パックを用意します。牛乳パックは風で飛ばないように新聞紙を詰め、口を留めておきましょう。大きめの箱をいくつか用意して牛乳パックを入れ、間隔を空けて設置します。箱の周りを囲むように、大きめの円を描きます。

競技の進め方

①円の外側に、親子ペアで立ちます。

②合図とともに子どもは牛乳パックを取りに走ります。牛乳パックは一度になん個持ってもかまいません。

③保護者は円の外側で、子どもが持ってきた牛乳パックをできるだけ高く積み上げていきます。制限時間がきたときに、一番高いタワーを作ったペアが勝ちです。

ふれあい遊び

0、1、2歳児の親子競技

保護者と子どもが触れ合う運動遊び。普段の親子の様子が垣間見えて盛り上がります。子どもの成長や気持ちに合わせて、無理のない範囲で行うことがポイントです。

0歳児

にこにこゲーム

保護者の表情や行動がユニークな競技です。雰囲気が伝わるような実況中継で盛り上げましょう。

〈準備〉
大型シートを敷きます（にこにこゾーン）。シートの上には、子どもが喜びそうなおもちゃ（鈴やガラガラ、ぬいぐるみなど）、タオルや帽子などの小道具を多めに用意します。

競技の進め方

① 親子でスタート地点に並びます。合図でスタートし、にこにこゾーンに向かいます。

② にこにこゾーンに来たら、あらゆる方法で子どもを笑わせます。道具を使わず「高い高い」や「コチョコチョ」でもOK。笑わせることができたらゴールへ進みます。

0歳児

なにをしてくれる？ゲーム

カードを開けるまでワクワク。親と子でゴールまでの道のりを楽しみましょう！

〈準備〉

スタートとゴールの間に、大型シートを敷きます。シート上には、「おんぶ」「ほっぺにチュ」「上向きだっこ」などと書いた紙のカードを裏返しておきましょう。カードは風で飛ばないように重しになるものを乗せておきましょう。

競技の進め方

① 親子でスタート地点に並びます。

② 合図とともにシートに向かい、紙を1枚選びます。書いてあることを行いながらゴールへ進みます。

ワンポイントアドバイス

カードの内容を「高い高い」「ユラユラだっこ」にし、ポーズをとって記念写真が撮れるようにしてもよいでしょう。

カードを開く
積み木の重し
ほっぺにチュだ！
スタート
ゴール
おんぶ！
ゴールでーす！
がんばれ!!
カードに書かれていることを行ってゴール！

1歳児

動くトンネルゲーム

道具が不要なので、簡単に遊べます。親子同士のふれあいも期待できます。

〈準備〉
スタート地点からゴールに向かって、保育者やお手伝いの保護者が2列に並び、絵のようにトンネルを作ります。

競技の進め方

① 親子でスタート地点に立ちます。
② 合図とともに、トンネルの中を進みます。トンネル役の大人は親子が通過したら先頭に行ってまたトンネルになります。
③ ゴールしたら終了です。

ワンポイントアドバイス

トンネル役の人は腕や体を揺らしてみたり、手拍子をしたりすると楽しめます。

トンネル役は親子が通過したら前へ
ゴールまでトンネルをくぐろう！
ゴール！
ゴール

1 歳児

お菓子の家ができちゃった！

子どもたちの大好きなお菓子が登場！子どもたちのいきいきした表情が見所です。

〈準備〉

段ボールなどで扉のついた家の形を作ります。チームの数と同じ数だけ用意しましょう。段ボールの家を絵のようにゴール地点に設置します。スタート地点とゴール地点の間に大型のシートを敷き、できるだけ多くの種類と量の厚紙で作ったお菓子を置きます。シートには飛ばないよう重しを乗せましょう。お菓子には両面テープを片面だけはがしてつけておきます。

競技の進め方

①親子ペアでチームに分かれ、スタート地点に立ちます。

②合図とともに、お菓子の場所へ向かいます。お菓子を一つ選んだら、段ボールの家に進みます。

③段ボールの家にお菓子をはり付けたら、扉をくぐってゴール！

④全員が終わったら完成した「お菓子の家」をバックに記念撮影しても楽しいです。

お菓子をはったら
扉をくぐる
ペタン
テープをはがす
はーい
お菓子を選んで段ボールの家へ
厚紙で作ったお菓子
スタート
積木の重し
はったらドアをくぐってね

2歳児

チビッコオリンピック

障害物をクリアしながら、親子でトラックを走ります。最後はおみやげつきで大喜び！

〈準備〉

スタートからゴールまで30メートル前後のトラックを作ります。途中に5か所程度の障害物を用意しましょう。最後はお菓子などのおみやげがもらえるようにすることがポイントです。例えば

①お山登りゾーン（跳び箱にマットをかぶせた山に挑戦！）
②一本橋ゾーン（平均台を渡る）
③ポンポンゾーン（スーパーのビニール袋などに入れてぶらさげたボールをパンチ！）
④フープゾーン（フープをくぐる）
⑤おみやげゾーン（ビーチパラソルに洗濯ばさみをつるして、おみやげをはさむ）

●競技の進め方●

①合図とともにスタートします。
②障害物をクリアしたら、最後におみやげを1個つかんでゴール！

ワンポイントアドバイス

競技意識よりも安全に十分配慮しながら障害物を楽しみましょう

一本橋ゾーン
お山登りゾーン
スタート
一本橋ね
ボールをパンチしてね
ガンバレ！
各ゾーンに保育者が待機
ゴール
取った！
ポンポンゾーン
フープ
フープゾーン
おみやげゾーン

2歳児

宇宙旅行に出発！

競走ではなく、いろいろな乗り物に変身しながら、親子のふれあい遊びを楽しみます。

〈準備〉
スタート地点からゴール地点までの間に、歩きゾーン、大型バスゾーン、電車ゾーン、飛行機ゾーン、ロケットゾーンを設けます。各場所には保育者が待機し、お手本を見せながら進めるようにします。

競技の進め方

①親子でスタート地点に立ち、合図とともに手をつないで歩きます。

②大型バスゾーンでは子どもが前、大人が後ろになり、子どもをだっこして、ユラユラしながら歩きます。

③電車ゾーンでは、連なって進みましょう。

④飛行機ゾーンでは子どもをだっこし、ゆりかごのように左右に揺らしながら進みます。

⑤ロケットゾーンでは「高い高い」をしながら進み、ゴールへ！

スタート
歩きゾーン
大型バスゾーン
だっこして歩きまーす！
だっこでユラユラ
歩いてね！
シュシュポッポッポ
電車ごっこしてね
電車ゾーン
連なって進む
高い高いしまーす
ゴール
だっこで揺らしてね！
ブーン
左右に揺らす
高〜い！
ロケットゾーン
飛行機ゾーン
高く持ち上げる

みんなで踊ろう

簡単ダンス

運動会でのダンスは、子どもたちの大好きな種目の一つです。運動会に最適な、簡単に覚えられて、踊って楽しいダンスを2曲ご紹介しましょう。二人一組で踊ります。

チキ・チキ・バンバン

保護者の方にもなじみ深い、有名なミュージカル曲。動きがシンプルなので、3歳児でも無理なく踊ることができます。親子ダンスとして楽しんでもいいですね。

1 ♪チキバンバン……だいすき

2人で手をつないで右足から20歩前進する。

2 ♪あ　あ……おまえがたより

手をつなぎ、右足から前に出し、かかとを地面にタッチ（1、2）。出した足を戻す（3、4）。
左足を前に出しかかとを地面にタッチ（1、2）。出した足を戻す（3、4）。これを繰り返す。

3 ♪バンバン……せかいいちのくるま

2人で手をつないで23歩でその場を回る。

4 ♪まほーつかいの……つよい

拍手を2回し、2人で両手を1回合わせる。
これを4回繰り返す。

♪わたしたちは……はしれはやく

①～④の動作を4小節ごとに順に踊る。

♪CHITTY CHITTY BANG BANG♪
(チキ・チキ・バンバン)

日本語詞／岩谷時子
Words&Music by Robert B. Sherman , Richard M. Sherman

チキバンバン チキチキバンバン チキバンバン チキチキバンバン チキバンバン
チキチキバンバン お お わたしたちは チキチキバンバン だいすき
あ あ きれいなバンバン チキチキだいすきよ ハイ ハイ
どこへゆこーと おまえがたより バンバン チキ チキ バンバン は
しれはやく ゆめ おいかけて そらへは
ばたくせかい いちのくるま ー ま
ほーつかいのおまえは いつもすてき お
りこうつよい ー わたしたちは きれいなバンバン
チキチキバンバン だいすき あっちもこっちが だいすきだって チキチキあい
してる の ぼれおりろ どこへゆこーと おまえがたより
バンバン チキ チキ バンバン は しれはやく

ラ・ラスパ

フォークダンス曲としてなじみ深い、舞踊曲です。メキシカン・シャッフルと呼ばれるリズミカルなメロディに乗って輪になって踊りましょう。

隊形

1 楽譜内番号Ⓐ

2人で手をつなぐ。右足から小走りで4歩前進（1、2、3、4）。右足のかかとを前に出して地面にタッチ、もとに戻す（5、6）。左足のかかとも同様にしもとに戻す（7、8）。これを繰り返す。

2 楽譜内番号Ⓑ

Aは①の動きを繰り返しながら前進。Bは同じ動きをその場で踊る。Bは①の動きを繰り返しながらAの位置まで前進。Aは同じ動きをその場で踊る。

3 楽譜内番号Ⓒ

AはBの周りを、スキップしながら1周する。Bは手拍子する。

4 楽譜内番号Ⓓ

BはAの周りを、スキップしながら1周する。Aは手拍子する。

♪ La Raspa ♪
(ラ・ラスパ)

メキシコ民謡

出典：「ラテン&フォルクローレ名曲全集」　松山祐士編　株式会社ドレミ楽譜出版社

 ダンス振付／小林清美　イラスト／町田里美

保護者・祖父母

異世代種目のアイデア

会場に来ている保護者や祖父母の方々も、この機会に運動不足を解消！ 当日集まってすぐにできるシンプルなルールなので、事前の練習は不要です。

案（70～77ページ） 竹内淳・きのいい羊達

ワレワレ風船

足につけた風船を割りっこします。白熱した様子に子どもたちの応援にも熱が入ります。

〈準備〉

参加する人数分だけ風船を用意し、足につけられるようにひもを結びます。風船の色でチーム分けをします。

競技の進め方

①参加者は片足に風船を結びつけ、トラックのなかに入ります。人数に合わせて、トラックのなかにラインをひき、人数が減ってきたら一度ストップし、枠を小さくしてもよいでしょう。

②合図とともにトラックのなかで風船を割りっこします。

③風船を割られたら、トラックから出ます。最後まで残った人が優勝です。

割れたらトラックの外へ
キャ～！
えいっ
片足に風船を結ぶ
行くよー！
おっとっと！
ママー！
おじいちゃん！
おばあちゃん！

パズルリレー

パーツをパネルにはりながら、どのチームが一番早く絵を完成させるか競走です。

〈準備〉

・模造紙いっぱいに大きな絵を描き、それをダンボールなどの厚紙にはり、パーツに切り分けておきます。パーツの裏には両面テープをはります。

・台紙は厚手のダンボールに模造紙をはり、パーツがはまる線を描いておきます。台紙とパーツの同じ場所に番号をつけておきましょう。

・パーツは箱に入れてパズルの台紙の前に置きます。パズルの台紙は観客に見えるようにしましょう。

競技の進め方

①パーツの数と同じ人数を1チームとします。二人一組になり、合図とともに箱に向かって進みます。

②パーツを選んだら、台紙の該当部分を探してはり、次のペアに交代。

③パズルを一番早く完成させたチームが勝ちです。

小さな子と
保護者

未就園児の競技

入園前の小さな子と保護者が簡単に遊べる競技です。ワクワクするようなくふうを取り入れました。楽しんで行えるように、優しく声かけをしながら競技を進めましょう。

お菓子とれるかな

自分の箱をみつけたら、大好きなお菓子の袋を選んで詰め込みゴール！
小さな子も大喜びです。

〈準備〉

いろいろな図形が描かれた紙と箱（同じような大きさで形や色が違う物を折り紙で手作りしてもOK）、小袋に入れたお菓子をたくさん用意します。スタート地点とゴール地点の間に、長テーブルを3台用意し、紙、箱、お菓子の順番で置きましょう。

競技の進め方

① 親子ペアでスタート地点に並びます。合図とともに進み、絵が描いてある紙を1枚取ります。

② 二つ目のテーブルで絵と同じ箱をみつけ、3番目のテーブルへ。

③ 箱にお菓子を1～2袋入れてゴール。

スタート
紙を１枚取る
いろいろな形が描いてある
絵と同じ形の箱を選ぶ
四角い箱ね
これだ！
いろいろな形の箱
小袋入りのお菓子
入るかな？
お菓子を詰めてゴール！
ゴール
がんばって！

リンゴの木を作ろう！

リンゴを木につける遊びに、子どもたちは大喜び。最後はみんなで「リンゴ狩り」をして退場しても楽しいですね。

〈準備〉

・リンゴは、新聞紙を丸め、赤い折り紙で包んで作ります。葉や軸は緑や茶の画用紙を切ってはります。これをたくさん用意しましょう。

・木は、大きなパネルに木の絵を描いて作ります。リンゴがはれるように両面テープをつけておきます。

・スタート地点とゴール地点の間にリンゴのゾーン、木のゾーンを設置します。

競技の進め方

① 子どもはスタート地点に立ち、保護者は少し前に立ちます。

② 子どもが保護者のところに来たら手をつなぎながらリンゴのゾーンへ進み、リンゴを一つ拾います。

③ 木のゾーンへ進み、保護者が子どもをおんぶしながら木にリンゴをつけてゴール！

子どもを呼ぶ
おいでー
スタート
リンゴのゾーン
リンゴを拾ってね
リンゴを持って
木のゾーンへ
両面テープをはっておく
ここにはってね
木のゾーン

すぐできて楽しい

卒園児の競技

元気いっぱいの小学生も大満足の、ダイナミックな競技です。リハーサルのいらないシンプルなルールなので、当日集まってすぐに参加できます。

バンバンかけっこ

時間内にどんどんかけっこができる競技。シンプルに走ることがいちばん好きな子どもたちは大喜びです。

〈準備〉
絵のようにトラックの両側にスタート地点とゴール地点を設定します。

●競技の進め方●

① 参加する子どもたちを2チームに分け、それぞれのスタート地点に並びます。

② 始めの列の子は合図とともにスタートし、ゴールしたらもう一方のスタート地点の後ろに並びます。

③ 時間まで、スタートとゴールを繰り返して遊びます。列の後ろに保育者が待機し、走るメンバーを入れ替えても楽しい！

お城倒しゲーム

相手チームの〝お城〟に玉を投げ、いくつ倒せるか思わず白熱してしまうゲームです。

〈準備〉

絵のように、陣地の印となる線を両サイドに引き、その中央線上に少しだけ水を入れ、紅か白の印をつけたペットボトル（お城）をたくさん並べます。さらにお城を倒すための玉（紅白玉など）を、箱に入れ、それぞれの陣地に置きます。

競技の進め方

① 参加者は2チームに分かれて、それぞれの陣地に集まります。

② 線から出ないようにして相手チームのお城をねらって玉を投げます。

③ 相手チームのお城を多く倒したチーム、または玉が無くなるまでに多く倒したチームの勝ちです。

ワンポイントアドバイス

相手チームに向けて玉を投げないようにあらかじめ話しておきましょう。

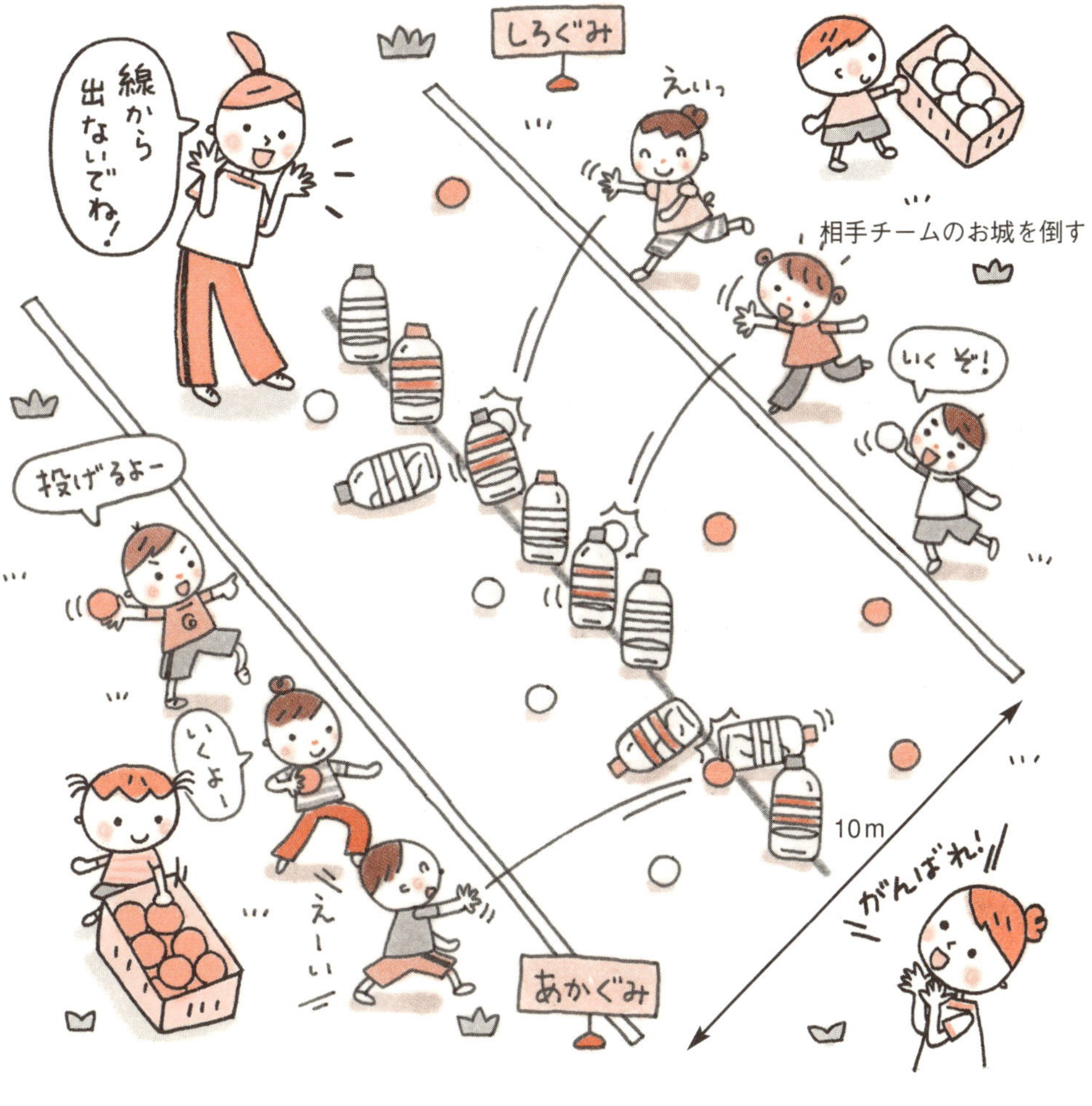

楽しく
愉快に

職員競技のアイデア

保育者の一生懸命な表情や、ユニークなしぐさが垣間見える職員競技は、プログラムのなかでも人気の種目です。子どもたちの大きな応援を受けながら、楽しくトライしましょう。

ゆらゆらちゃぷちゃぷ

頭の上に水を入れた牛乳パックを乗せて、バケツまで運ぶ競技。いち早くバケツをいっぱいにしたチームが勝ちです。

〈準備〉
牛乳パックをしっかりはり付けたヘルメット、水をいっぱいに入れたバケツ、空のバケツ、コップを、チームの数だけ用意します。絵のように空のバケツを設置し、スタート地点には水の入ったバケツを置きます。バケツのそばにはコップを持って保育者が待機します。

競技の進め方

①合図とともに待機している保育者がバケツのなかから水をくんで牛乳パックのなかに入れます。

②バケツに水を入れたらスタート地点に戻り、次の人に交代です。

水を入れる
スタート
ジャー
そろそろ
同じ高さに切った牛乳パック
バケツに水を入れる
クラフトテープでしっかりはり付ける
早くー!

なに運ぶ？　リレー

保育者が子どもたちの遊具を運びながらリレーをします。あらかじめどの順番で遊具を運ぶか作戦を練りましょう。

〈準備〉

園にある遊具を用意し、どのような方法で運ぶかを決めます。例えば

・なわとび……走り跳びをしながら
・フープ………転がしながら
・ボール………ドリブルしながら、または蹴りながら
・三輪車………こぎながら
・マット………担ぎながら　など

参加する職員をチーム分けし、チームごとに、同じ数と種類の遊具をまとめて置きます。遊具から離れた場所にスタート地点を設定します。

競技の進め方

①スタートしたら遊具をひとつ選び、指定の方法で運びながらスタート地点に戻り、次の人に交代します。

②一番早く遊具を運び終えたチームが勝ちです。

遊具を選んで指定の方法で運ぶ

イラスト／いとう・なつこ

思い出を
生かして

運動会後の活動

運動会の後は、当日の経験を日常の保育に生かしてさまざまな活動に取り組んでみましょう。ここでは実際に園で行われている活動例をご紹介しましょう。

小道具を再利用して

運動会で活躍した小道具は、そのまま日常の遊び道具としても活躍します。他年齢の競技を、小道具を使いながらまねして遊ぶだけでも、子どもたちは大喜びです。

おままごとに活用

お買い物競走のために、新聞紙や画用紙で作った食べ物の小道具を、そのままおままごとに再利用。

リレーのゼッケンにワクワク！

5歳児が行ったリレーのゼッケンを3歳児が活用。リレーごっこをして年長組気分を満喫。

大玉をクラスで転がして

保護者競技の大玉転がしで使った大玉を、保育室のなかで転がしっこして遊ぶ。

他年齢の装飾品でダンス！

ほかの年齢がダンスや競技で使った装飾品を自由に組み合わせて、創作ダンスを楽しむ。

製作につなげて

運動会の楽しい思い出が、子どもたちの心に強く残っているうちに形にしたいものです。お絵描きや紙粘土での製作など、みんなで運動会のエピソードを話しながら楽しく取り組みましょう。

絵日記や写真で新聞作り

5歳児は、運動会の思い出を絵日記にした後、写真と組み合わせて新聞作り。できあがったら保育室へ飾る。

グループごとに共同画製作

グループに分かれて、出場した競技をすべて共同画に。完成したものは、作品展に出品。

「楽しかったこと」を発表

経験したことを整理しながら思い出し、「運動会でがんばったこと、楽しかったこと」を友達の前で一人ずつ発表する。

紙粘土で自分の姿を製作

紙粘土で、一人ひとりが運動会での自分の姿を製作。保育者が会場のセットを作り、飾り付けて当日の再現。

保護者に

お手伝いをお願いするとき

お手伝いをお願いする保護者の方々に、園側として不備のないように心がけることは基本です。当日、気持ちよくお手伝いしてもらうポイントを紹介します。

腕章をつけてもらう

大勢でにぎわう会場でもお手伝いの方がわかるよう、腕章などをつけてもらうとよいでしょう。係の人が誰にでもわかるようにしておくと、指示を出す側も動く側も、混乱がなくスムーズです。

予行演習などを見てもらう

可能ならば、直前の予行演習などを見学していただくと効果的です。プログラムの流れや子どもたちの動きを目で見て把握することにより、お手伝いの方にも当日どのように動けばいいのかイメージがわきやすくなります。

他学年の競技のときにお願いする

お手伝いをしてくださる方も、当然、子どもが出場する競技を楽しみにしています。係の分担をするときには、他年齢の競技をお手伝いしてもらえるようにしましょう。お手伝いをしてくれるおうちの方全員が、見たい競技をゆっくりと見られるよう配慮をすることが大切です。

資料編

part 4

よりよい運動会のために

応急手当や、快適な運動会のための配慮、
運動会に向けての月案例など、
子どもたちと保護者が、当日を有意義に過ごすための情報をまとめました。
運動会前後のお便り例も、お役立てください。

知って おきたい

応急手当

当日は、安全に進行できるよう準備を整えておくことが前提です。けれども、急なトラブルが起きる可能性もゼロではありません。そんなときのために対処法を知っておきましょう。

トラブルが発生したら まずは保護者と相談を

競技内容や小道具の安全確認などには、細心の注意を払わなくてはなりませんが、白熱するあまり、けがや事故がないとは限りません。そんなときのために、あらかじめ職員間で、どのように対処するか認識を共通にしておくことが大切です。

運動会中に起こったけがや病気は、まずは保護者の方に報告します。その上で、保護者の方の意見を求め、応急処置をして運動会に参加するか、病院へ行くかを決めます。運動会の最中は、ほとんどの場合保護者の方も会場にいます。それだけに、保育者だけで処理せず、どんなに小さなけがやトラブルでも保護者の方と相談しながら対処しましょう。

そろえておこう!

応急処置の必需品

- 滅菌ガーゼ
- ルーペ付きとげ抜き
- ハサミ
- ばんそうこう（大、小）
- 包帯、布テープ
- 湿布薬
- ウエットティッシュ
- 綿棒
- つめ切り
- 消毒薬
- 体温計
- ビニール袋
- 休日に診療を行っている近隣の病院のリスト

など

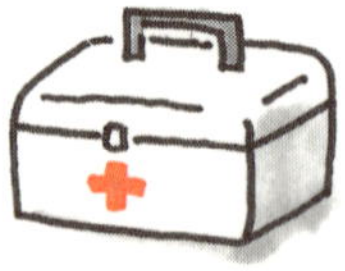

手当の方法

すり傷、切り傷

手当 流水で洗い傷口をおおう

浅くて小さな傷の場合は、泥などを水道水で洗いながらしっかり落とし、そのまま水気をふき、ばんそうこうなどでしっかりおおいます。

こんなときは病院へ 傷が深く出血が多い

傷が深く、出血が多い場合は、清潔なガーゼなどでギュッと圧迫して病院へ。ガラスの破片やくぎなどがささっているときも、傷口の周りを押して血を出し、すぐに病院へ行きましょう。

転倒、打撲

手当　患部を冷やして様子をみる

けがの直後に泣いても、機嫌が直れば一安心。患部を冷たいタオルなどで冷やします。頭を打ったときは、時間をおいて具合が悪くなることもあるので、しばらくは様子をみましょう。

こんなときは病院へ　痛がる　ぐったりしている

けがの直後から、ずっと痛がるようなら、骨折や脱臼、捻挫《ねんざ》などの可能性も。患部を冷やしながら固定し急いで病院へ行きましょう。ぐったりして、声をかけても反応が鈍かったりする場合は救急車を呼び、敏速な対応が必要です。

熱中症

手当　涼しい場所に移動して水分補給を

日なたで長時間過ごし、ぐったりしてしまったときは熱中症です。速やかに涼しい場所に移動して、頭や体を冷たいタオルなどで冷やします。イオン飲料が最適ですが、なければ水やお茶などを少しずつ飲ませ、水分を十分にとります。

こんなときは病院へ　水分がとれない　ぐったりしている

ぐったりして顔色が悪い、水分をとることができない、けいれんを起こすなどの症状がみられたときは、大至急救急車を呼びます。

腹痛

手当　トイレに行って様子をみる

緊張からくる腹痛、食べ過ぎや便秘の可能性もあるので、まずはトイレに連れていき、様子をみます。また、かぜによる腹痛も考えられるので、熱を測り、下痢や吐き気などの症状がないか観察します。

こんなときは病院へ　下痢や嘔吐《おうと》が続く　激しく痛がる

下痢や嘔吐を繰り返す、激しく痛がる、おへその右下を押さえて痛がるときは、急いで病院へ。

快適に過ごす

保護者への配慮

子どもたちの活躍を見届けようとする一方で、混乱を招きそうな観覧席の場所とりと撮影スポットの確保。快適な運動会を実施するためにも、園側としてくふうを凝らしたいものです。

場所とりの混乱を避けるために

保護者の場所とりには、どこの園でも頭を悩ませますね。なんらかの対策を講じないと、早朝から場所とりのために長蛇の列ができたり、保護者間でのトラブルが生じたりします。

その際、注意しなくてはいけないことは、園の意向だけで決めるのではなく、保護者の思いも十分考慮しながら進めることです。決定事項を園便りなどでお願いするときには、理由も示しながら協力をお願いするようにしましょう。

スムーズな 場所決めのアイデア

昼食時には、会場全体を開放することをあらかじめ伝えておく。

クラス単位で保護者席スペースを決めておき、事前にクラス役員に知らせて席決めをしてもらう。

優先席を多く設けて、祖父母や立ち見が困難な方に対する保護者の気遣いを軽減する。

シートの大きさを一定にしてもらい、その後ろにいす席、最後部を立ち見席にする。

撮影スポットの混乱を避けるために

「子どものベストショットをよいスポットで……」。これは、どの保護者も思うことです。園で無理に制約を設けても、保護者の方に実行してもらえなければ解決になりません。

大切なのはできるだけ保護者の期待に応える形で配慮した上で、約束事を決めることです。運用の仕方は、保護者会の役員さんに相談してみてもよいでしょう。園が保護者の立場で考え、お願いすると秩序が保たれやすくなります。

撮影スポットのアイデア

- かけっこのゴール近くに撮影コーナーを設置。プログラムに合わせて入れ替え制に。
- 遊戯や親子ダンスでは最後のきめのポーズで撮影タイムを設ける。
- 三脚を使っての撮影では、スペースを取らない、背後の人に注意することなどを伝える。
- プログラムに合わせて「どうぞ撮影してください」「じっくり見学、応援してください」などの姿勢を示す。

快適な運動会のためにあらかじめお便りで伝えておきたいこと

動きやすい服装で

親子競技や保護者競技に参加していただきたいので、軽装、履き慣れたスポーツシューズが望ましいと伝えておく。

飲食について

昼食以外の飲食は、水分補給をのぞいて基本的に控えていただくようにする。保育の場であることを強調し、飲酒や喫煙も固くお断りする旨を明記する。

子どもとのふれあいについて

子どもの懸命な姿をよく見ていただき、帰り道や家庭に戻ってから大いにほめていただきたいと、伝えておく。

ゴミの持ち帰りについて

個人のゴミは各家庭で持ち帰ることをお願いする。「時々会場の隅や近隣のお店のゴミ箱が山積みになって困ることがあります」など、具体的記述をすることがポイント。

 お話／阿部恵

こんなこと知りたい

運動会のQ&A

運動会にまつわる、さまざまなハプニングと効果的な対処法をご紹介します。保育者発の失敗談のなかには、成功のヒントがいっぱいです！

Q かけっこの順位をつけて欲しい、という要望に対する応え方は？

5歳児以外のかけっこは順位をつけないことになっていますが、ある保護者から「励みになるので順位をつけて」と要望がありました。こんなときはどう応えたらいいですか？

A 園の方針を伝えた上で、ひとくふうも大切

なぜ5歳児以外は順位をつけないのか、という園の考え方（励ましや思いやる気持ち、達成感を育てるなど）をていねいに伝えていきましょう。また順位をつけない代わりに、全員に「がんばったで賞」のメダルをプレゼントするなどのくふうをすることも大切です。

Q 緊張のあまり泣いてしまった子にはどのような対応がよい？

3歳児のダンス。一人の子が緊張のあまり泣いてしまい、ダンスができません。このようなとき、どのように対応するのがよいでしょうか？

A すぐに寄り添える態勢を整えておくことが大切

まずは、保育者がすぐにそばに寄り添い、不安な気持ちを和らげることが先決です。場合によっては保育者がだっこして踊っても構いません。あらかじめ、全職員で緊張しそうな子や不安になる子について共通認識し、すぐに大人が寄り添えるような態勢を事前に話し合っておくことも大切です。

やっちゃいました 運動会の失敗談

子どもの名前をど忘れ！

3歳未満児のかけっこで、一人ひとりの名前を呼ぶのですが、どうしても苗字が思い出せず、仕方なく「〇〇ちゃん！」と言ったら、手伝いの5歳児に「△△〇〇ちゃんでしょ！」と言われてしまいました。名前の一覧表を持っておけばよかったな、と反省しました。

ボリュームを抑えすぎてしまった！

近隣に対する騒音への配慮のつもりで、放送のボリュームを抑えめにしたら、保護者席から聞こえないと言われてしまいました。あらかじめ確認しておけばよかったと反省です。

Q リレーで転んでしまった子を元気づける方法は?

クラスリレーで転んでしまった子が落ち込んでいる様子。クラスのみんなで励ましたいのですが、どんな言葉かけがいいですか?

転んじゃった
しょんぼり…

A 普段から〝失敗〟を認め合う気持ちが大切

どんな言葉かけをするかということよりも、落ち込んでいる子がみんなの言葉かけをどう受け止めるかが関係します。日常の保育のなかで「失敗してもいいんだよ」「今度がんばれば大丈夫」という〝失敗〟を認め合う雰囲気がクラスにあるか、〝失敗〟経験を保育者が必要と感じているかによって、同じ言葉でも落ち込んでいる子が受け止める言葉の意味が変わります。

Q 飽きてきた子どもたちの気持ちを盛り上げる方法は?

出番が終わり、子どもたちがソワソワと落ち着かない様子。もう一度運動会に集中させたいときの、上手な導き方はありますか?

A 応援することに興味がわくくふうが大切

競技やダンスに参加するだけが運動会ではありません。応援も運動会への参加のひとつ。例えば子どもたちといっしょに応援グッズを作って保育者が応援団長になり、出番の終わった子ども同士で応援合戦をするのもアイデア。また、保育者が実況中継をするなどして、子どもたちの興味を高めましょう。

年長組のリレーがはじまるよー!

見本の親子と同じペースで……

親子競技で、1組の親子に見本をやっていただきました。しかし、かなりのんびりペース。それを見本に、みんながのんびりペースになり、競技時間がかなりオーバーしてしまいました。見本は保育者のほうがよかったかもしれません。

音響が急に故障!

順調に進んでいたのですが、突然音響が故障! あわてて予備のCDデッキを使いました。念のため用意しておいてよかった!

競技の備品が壊れた!

保護者競技にムカデ競争を予定していたのですが、白熱するうちに足を結ぶひもが切れてしまいました。予備がなく、とても困りました。

3歳児が疲れ果てて……

盛り上がっているうちに、予定時間をかなりオーバー。閉会式には疲れて寝てしまう3歳児も。もう少し効率よく行うべきでした。

保護者にお知らせ

運動会前後のお便り例

運動会の前には、当日の詳細を簡潔にお便りにして保護者にお知らせします。また、運動会が終わった後にも、園での子どもたちのイキイキとした様子を紙面にすると、喜ばれます。

運動会前のお便り例

「参加して楽しい運動会」をイメージさせるようなお便りを心がけます。練習の様子などを盛り込んで期待感を高めます。

当日の詳細を
雨天の場合も明記する
運動会のテーマやねらいなどを盛り込む
保護者の目をひくタイトル
保護者競技の募集
89ページに掲載の
「お便り例」のような
エピソード
園便り
もうすぐ運動会！
平成●年9月10日
日時
集合場所
雨天の場合は
○○小校庭です
運動会
近況報告！
すみれ組
ひよこ組
にじ組
保護者のみなさま。出番ですよ！
持ち物と服装
注意事項と
お願い
会場案内図
持ち物、服装などはイラスト
化するとわかりやすい
注意事項や会場案内図なども
掲載

運動会後のお便り例

感謝の気持ちを伝えつつ、運動会後の子どもたちの様子、成長した姿などをお知らせします。運動会後の活動も披露しましょう。

子どもたちの様子と保護者の協力への感謝を
伝える。（89ページの「お便り例」参照）
職員が運動会についてのコメントを寄せても楽しい
園便り
みんな！がんばったね！運動会
平成●年10月17日
園長より
すみれ組
おもしろエピソード
ひよこ組
さくら組
運動会こぼれ話
運動会後
こんなことしています！
クラス種目のエピソード
運動会後の保育
での遊びを紹介
おもしろかったハプニングなどをまとめたコーナー

お便り例

運動会前

（３歳以上児クラス）

運動会の応援グッズや会場の装飾作りなど運動会の準備で盛り上がっています。年長組は大きなトーテムポール、年中組は万国旗、年少組は応援のポンポンを作成中。友達と相談しながら楽しそうに作っています。

（３歳未満児クラス）

いよいよ運動会の練習が始まりました。子どもたちは“よーいドン！”の合図で、まだまっすぐに走ることができず、あちらこちらへと散らばってしまいますが、１学期から親しんできたダンスでは、みんなで楽しそうに踊っています。

運動会後

（３歳以上児クラス）

青く澄んだ秋空のもと、子どもたちは自分のもっている力を発揮し、友達と協力して一つのことをやり遂げた達成感を感じているのではないでしょうか。運動会の経験を生かし、自信と積極性をもってこれからの園生活を送ってほしいと思います。

（３歳未満児クラス）

晴天に恵まれ、おうちの方と楽しんだ運動会。子どもたちは泣いたり笑ったりとさまざまな表情を見せてくれました。運動会を経験し、子どもたちはますます活発となり、言葉もたくさんでてくるなど、成長した姿を私たちに見せてくれています。

活動のめやす

月案例

運動会当日を迎えるまでに、楽しく練習をしながら、期待感が膨らむよう子どもたちを導きます。この月案例は運動会を10月に行う場合の、9月の計画です。参考にしてみてください。

〈3歳児／9月〉

園生活の目標、ねらい、願い

・園生活のリズムを取り戻す。
・好きな遊びを保育者や友達といっしょに十分に楽しむ。
・初めての運動会に期待をもつ

第3週

＜お月見集会に参加する＞

〜おだんごクッキングをする〜

○月の話を聞き、興味をもつ。
○自分の手でおだんごを作る経験を楽しむ。
●楽しんで作ることができるよう、安全面で十分配慮する。

＜造形遊びをする＞

○運動会の競技や踊りで使う道具や応援グッズを作り、運動会を楽しみにする（万国旗、入場門など）。
○友達の作品などにも興味をもち、くふうしてみようとする。
●子どもたちが自分で考えて作った部分に共感し、創作意欲がわくような援助や言葉かけをする。

第4週

＜運動会の予行演習をする＞

○友達といっしょに活動することを楽しみ、運動会への期待が高まる。
○他学年との集団のなかで話を聞いたり、行動しようとする。
●初めての運動会を楽しく迎えられるように、不安に思う子や全体への話に集中することができない子への対応を考えておく（サブの保育者の配置など）。
●終了後、好きな遊びのなかでも引き続き、表現や競技の一部を楽しめる環境をつくる。

＜誕生会に参加する＞

○ひとつ大きくなったことを喜び、誕生会に期待をもって参加する。
○自分や友達が大きくなったことを喜び誕生会に楽しく参加する。
○保育者の劇を見て楽しむなかで、秋の行事や自然に興味をもつ。

行事

始業式、身体測定、誕生会（8、9月）、保護者会、運動会予行、お月見集会、クッキング（お月見だんご）

○子どもの活動　●保育者の援助

子どもの様子の見通し

・久しぶりの登園を楽しみにしているが戸惑いや不安を感じている。
・夏休みに経験したことで、印象に残ったことや楽しかったことを喜んで話している。
・「貸して」「順番よ」「入れて」という言葉と行動が伴ってきている。

第1週

＜始業式に参加する＞

○友達や保育者との再会を喜び、休み中の経験を言い合う。
●園生活のリズムを取り戻し安心して遊べるように遊具など安全性を確認しながら環境を整える。

＜運動会に期待をもつ＞

○10月に行われる運動会の話を聞き、楽しみにする。
○音楽に合わせて体を動かしたり、グループやクラスごとにゲーム的な競技をする楽しさを感じる。
●生活の流れのなかで、運動会を楽しく迎えられるように配慮する。

第2週

＜運動会ごっこをする＞

○他年齢の踊りや競技を見て運動会に興味をもつ。
●先週に引き続き、好きな遊びのなかで踊ったり、走ったりできる環境を用意する（リレーのバトン、ラインマーカー、CDプレーヤー、ポンポンなど）。

＜敬老の日のプレゼントを作る＞

○敬老の日の話を聞き、「ありがとう」の気持ちを絵や手紙に表す。
●周りで自分の成長を喜んでくれている人がいることに気づくような言葉をかける（手形のしおり、絵）。

題材の活動

かけっこ、表現遊び（運動会で踊るもの）、運動会ごっこ、敬老の日のプレゼント作り、イメージを膨らませた作品作り、造形遊び

今月の歌

「あおいそらにえをかこう」「ホホホ」

園生活の目標、ねらい、願い

・規則正しい生活習慣を取り戻す。
・いろいろな運動に進んで取り組み、やり遂げる楽しさを味わう。
・友達との遊びをくふうしながら楽しみ、つながりを深める。
・運動会に期待をもち、遊びや生活をするなかで、協力する楽しさを知る。

第3週

＜お月見集会に参加する＞

〜おだんごクッキングをする〜

○月の話を聞き、夜空や月の形の変化に興味をもつ（プラネタリウム見学）。

○だんごの生地の感触を楽しみながら自分の手で食べ物を作る経験をする。

●食べ物を大切にする気持ちをもてるようにする。

●熱湯の入った鍋にだんごを入れるときなど、十分安全面に配慮する。

＜造形遊びをする＞

○運動会で使う道具や応援グッズをくふうしながら作る。

○飾り付けなど友達と話し合いながら力を合わせて作る。

●くふうして作ることができるようにペンや画用紙、テープなどさまざまな材料を用意する。

●子どもたちのイメージに共感し自分たちで進めていけるような環境をつくる。

第4週

＜運動会の予行演習をする＞

○友達と力を合わせて取り組み、運動会への期待をもつ。

●リレーなど全員で行う競技でどのようにしたら力を発揮できるか話し合うなど、当日意欲的に臨むことができるように援助する。

●話を聞いたり、他年齢の演技を見る態度について振り返り、考えて行動できるようにする。

●終了後、当日に向けて好きな遊びのなかでも引き続き表現や競技に取り組めるよう、環境をつくる。

●競技内容の変更など、子どもたちの様子を見て柔軟な対応をしていく。

行事

始業式、身体測定、誕生会（8、9月）、保護者会、プラネタリウム見学、運動会予行、お月見集会、クッキング（お月見だんご）

今月の歌

「あおいそらにえをかこう」「山のワルツ」「丘のコスモス」

○子どもの活動　●保育者の援助

子どもの様子の見通し

・自分たちでルールをつくったり、守ったりしながら遊びを楽しんでいる。
・久しぶりの登園を楽しみにし、友達同士で休み中の出来事を話し合う姿も見られる。

第1週

＜始業式に参加する＞
＜生活発表をする＞

○友達や保育者との再会を喜び、休み中の経験を発表する。

●新しい学期の始まりに期待をもち、友達とのつながりを感じられるように配慮する。

＜運動会に期待をもつ＞

○ 友達と体を動かして遊ぶ。

○昨年の運動会を思い出し、楽しみにする気持ちをもち、競技の内容などを保育者や友達といっしょに話し合う。

●なに事も挑戦し、あきらめずに最後まで取り組めるように援助する

●好きな遊びのなかでバトン、平均台、ラインマーカーなどを準備して自主的に運動遊びができる環境を用意する。

第2週

＜運動会ごっこをする＞

○体を十分動かし、流れを理解し力を出し切って動く心地よさを感じる。

●年少、年中といっしょに活動するなかで年長としての意識をもてるように声をかけていく。

●終了後も好きな遊びのなかで楽しめるように環境づくりをする（CD、ポンポンなど）。

＜敬老の日のプレゼントを作る＞

○祖父母のことを考えながら手形作成したり、絵や文字で表現する。

●自分の成長を心から喜んでくれている人の存在に気づき、感謝の気持ちをもてるようにする。

おじいちゃん
おばあちゃん
はね・・・

題材の活動

生活発表（夏休み）、夏休みの思い出を描く、運動会ごっこ、敬老の日のプレゼント作り、ダイコンの種まき、表現遊び、ステップブック（数遊び）、英語で遊ぼう、共同画、文字ビンゴゲーム、造形遊び

運動会イラストカット集

ゴール

＝お手伝いのお願い＝

保護者競技の
お知らせ

禁煙に
ご協力ください

入らないで
ください

ゴミは
持ち帰りましょう

運動会のおしらせ

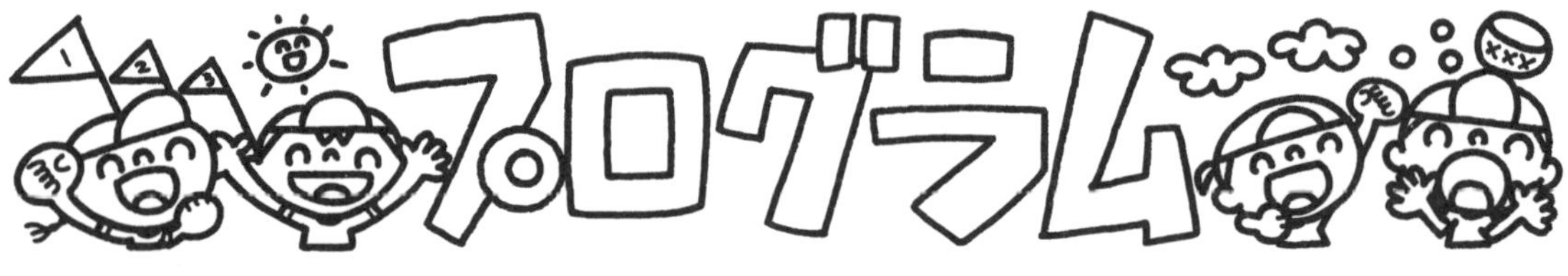
プログラム

文字を自由に入れてください。

文字を自由に入れてください。

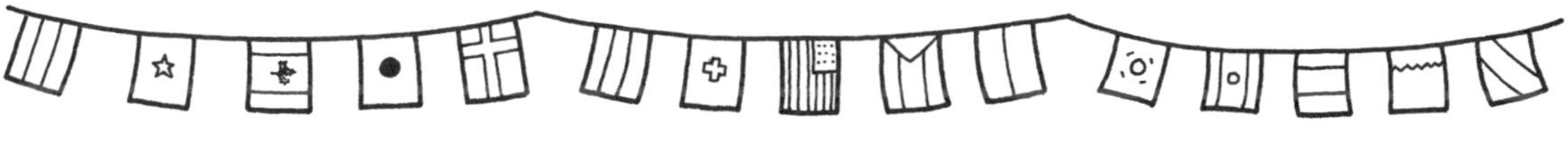

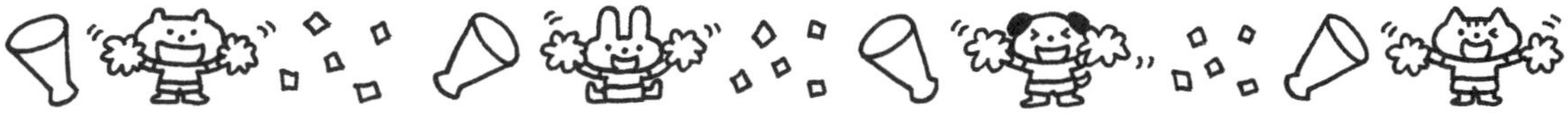

型紙

用途に合わせたサイズにコピーをしてお使いください。

P22 おひさま入退場門

P23 キリンだもん

逆側は反転コピーをしてお使いください。

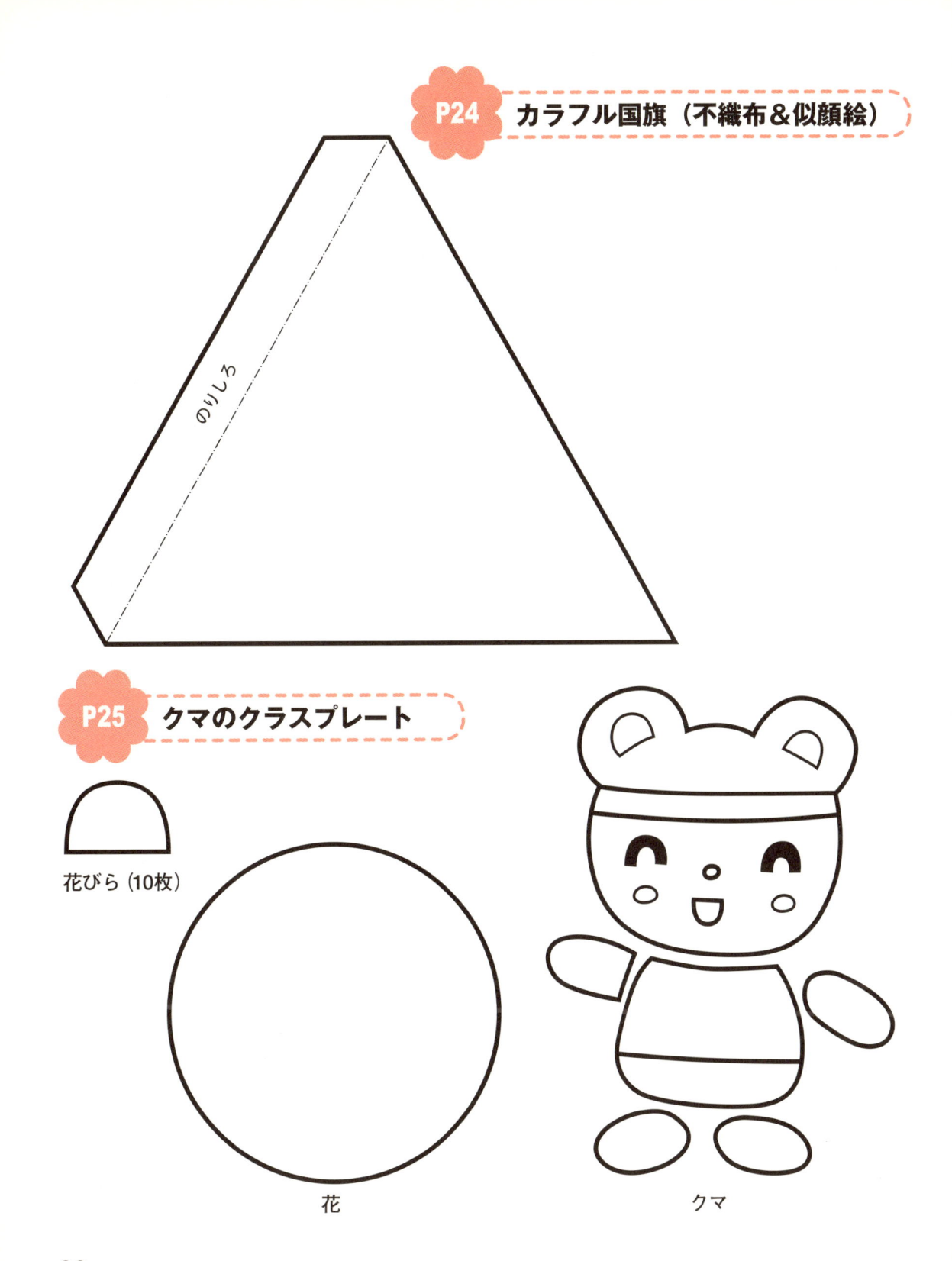

P24 カラフル国旗（不織布＆似顔絵）

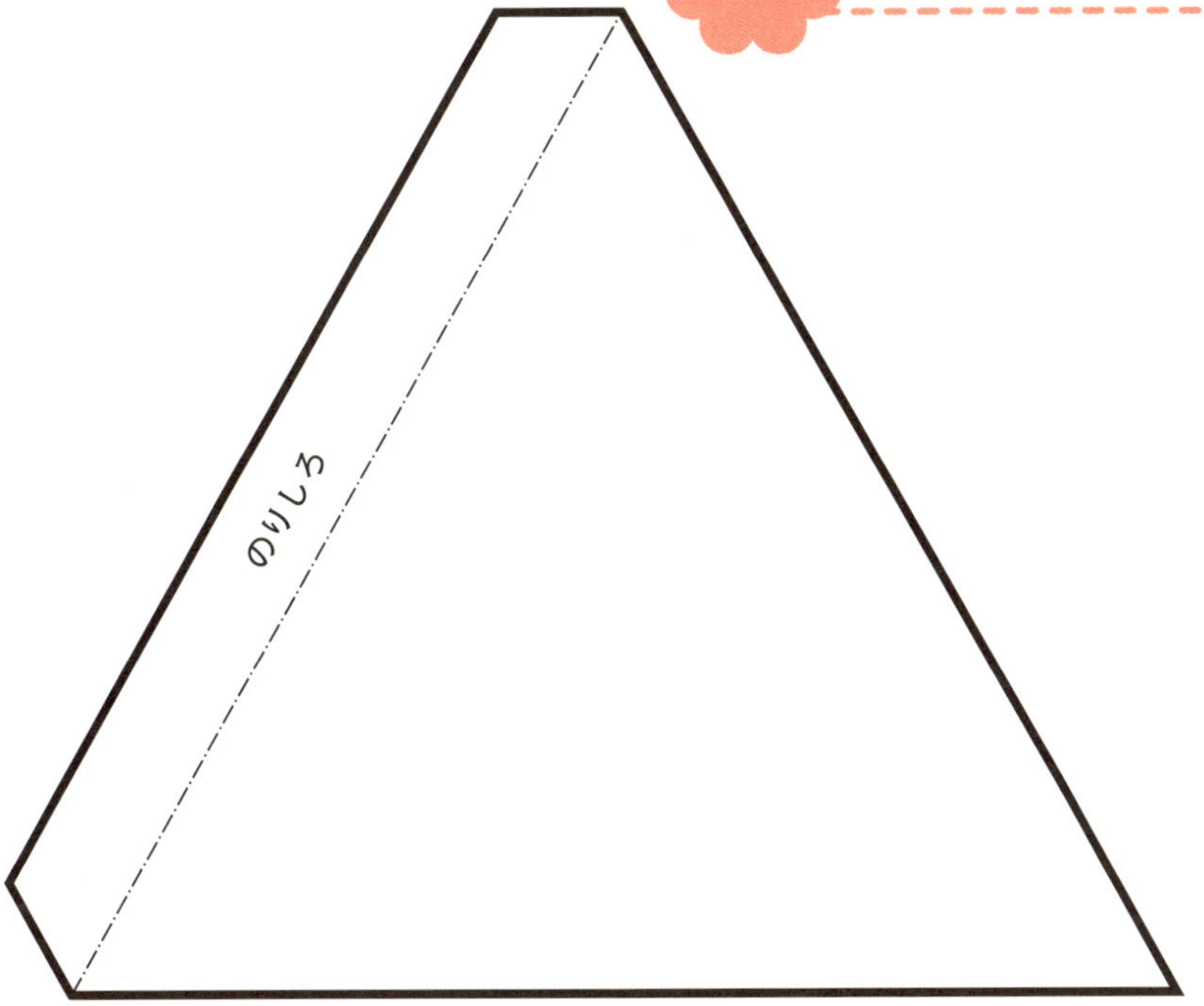

P25 クマのクラスプレート

花びら（10枚）

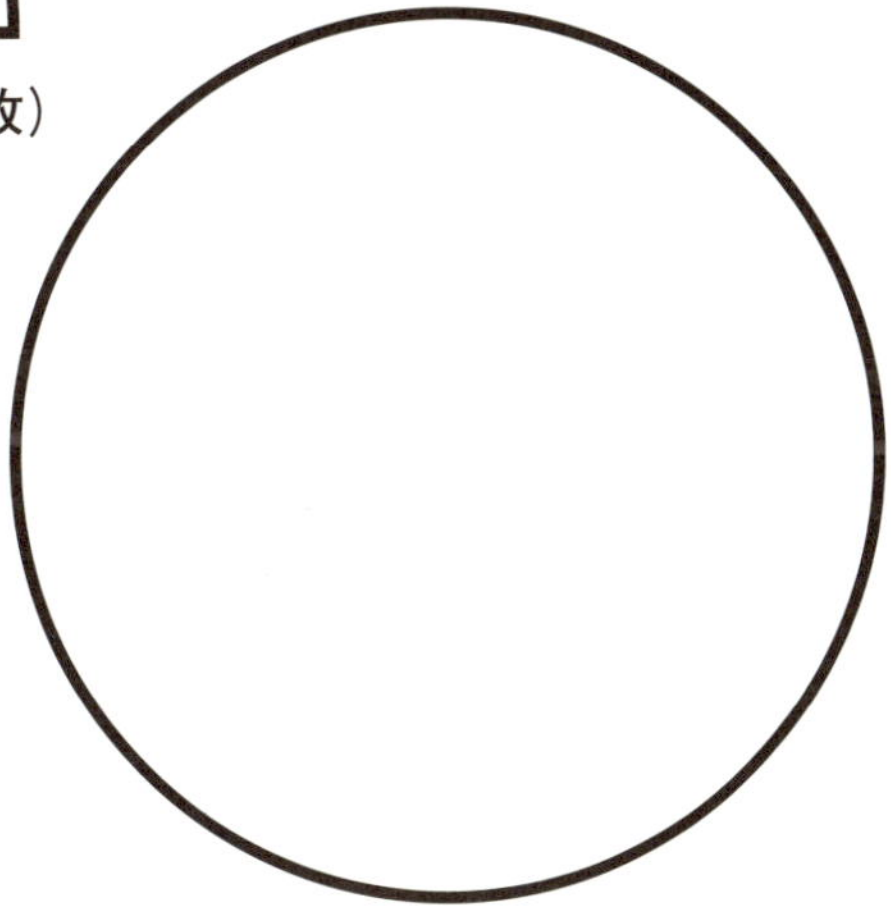

花

クマ

P28 ライオンポンポン

P29 ウサギ小旗

P29 カエル太鼓メガホン

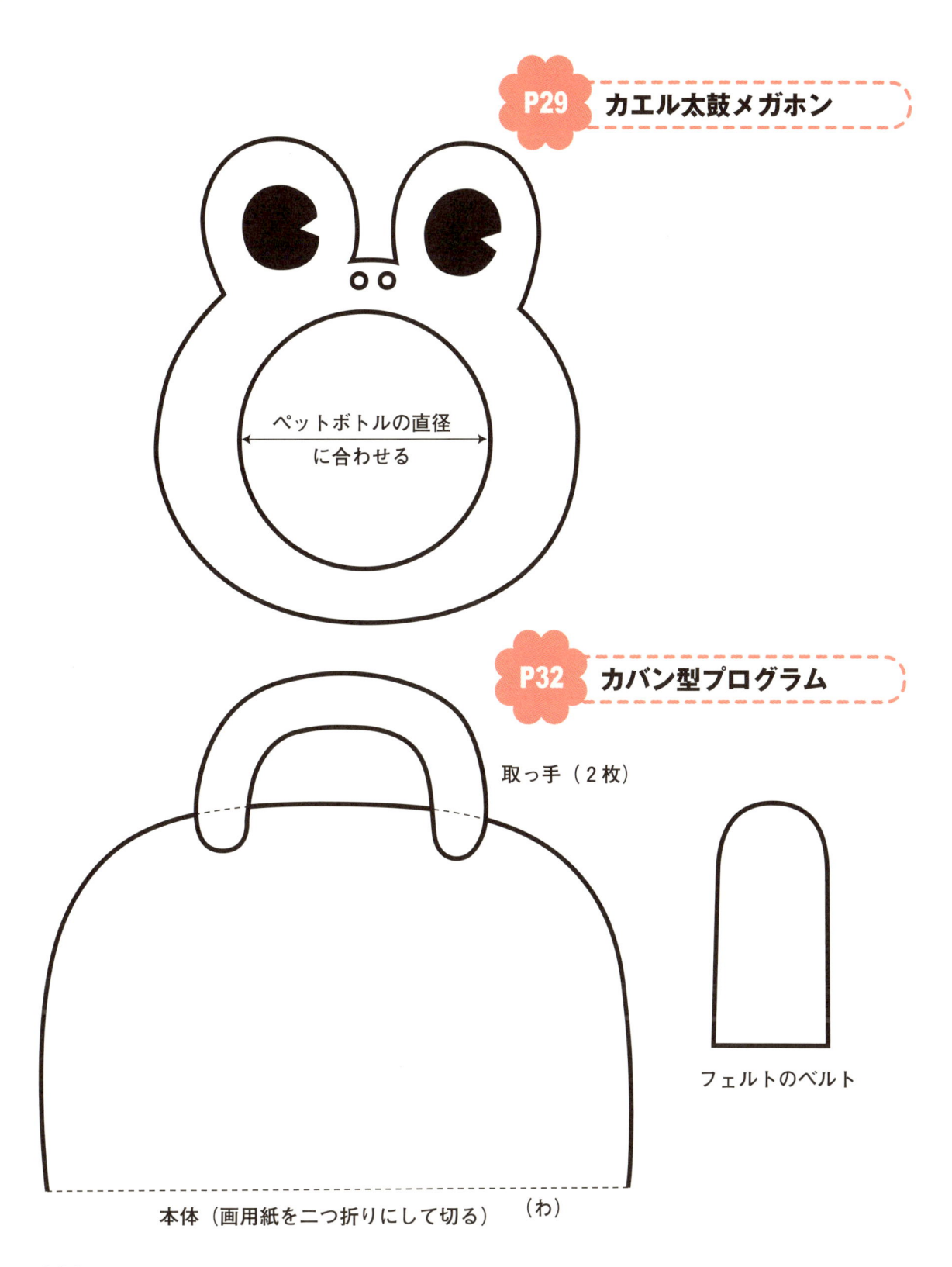

P32 カバン型プログラム

取っ手（2枚）

フェルトのベルト

本体（画用紙を二つ折りにして切る）　（わ）

P33 まんまる動物プログラム

谷折り
谷折り
プログラムをはる
谷折り
谷折り

P34 ふっくらバッジ

P34 ロボットバッジ

P35 バンザイメダル

P35 王子さま・お姫さまメダル

まるごと園行事シリーズ ❺

運動会

2009年4月　第1刷
編著　阿部　恵（道灌山学園保育福祉専門学校・道灌山幼稚園）　©MEGUMU ABE 2009

種目プラン　竹内淳（きのいい羊達　遊びプロデューサー）
きのいい羊達（須田裕之、杉本啓、塩島清久、小野昌佳、大村哲平、高林昌弘、磯谷仁）

協力（五十音順）
小田圭子（東京都・私立保育園）
亀井亜紀（東京都・福寿院幼稚園）
菅　郁子（東京都・まどか幼稚園）
鈴木愛子（茨城県・上辺見保育所）
藤井徳子（東京都・うめだ・あけぼの学園）
宮﨑信子（東京都・公立幼稚園）
山口恵美（茨城県・上辺見保育所）

発行人……………………浅香俊二
編集担当 …………………石山哲郎　飯島玉江
鶴見達也　西岡育子
発行所……………………株式会社チャイルド本社
〒112-8512　東京都文京区小石川5-24-21
☎03-3813-2141（営業）　☎03-3813-9445（編集）
振替：00100-4-38410

アートディレクション……嶋岡誠一郎（プレーンワークス）
表紙イラスト………………林　るい
章扉イラスト………………中小路ムツヨ
撮影………………………林　均（林写真事務所）
楽譜浄書…………………（株）クラフトーン
編集協力…………………（株）スリーシーズン　植木由紀子　植松まり
印刷………………………共同印刷株式会社
製本所……………………一色製本株式会社

ISBN978-4-8054-0143-9 C2037
NDC376 104P 23.2×18.2
日本音楽著作権協会　（出）許諾第0904080-901